延安时期

图志

政治卷

ZHENGZHIJUAN

YAN'AN SHIQI TUZHI

毕远佞　编著

西安出版社

图书在版编目（CIP）数据

延安时期图志 . 政治卷 / 毕远佞编著 . —西安：
西安出版社 , 2024.6
　ISBN 978-7-5541-6593-5

　Ⅰ . ①延… Ⅱ . ①毕… Ⅲ . ①政治工作—历史—延安
—图集 Ⅳ . ① K294.13-64

中国国家版本馆 CIP 数据核字 (2023) 第 000898 号

YAN'AN SHIQI TUZHI

延安时期图志

政治卷

编　　著：毕远佞

参　　编：沈秀芳　毕静烨子

出 版 人：屈炳耀

策划统筹：吴　革

责任编辑：李　丹

特约校对：杨　柳

审　　读：汤彦宜

封面设计：李渊博

版式设计：建明文化

印刷统筹：尹　苗

出版发行：西安出版社

社　　址：西安市曲江新区雁南五路 1868 号
　　　　　影视演艺大厦 11 层

电　　话：（029）85253740

邮政编码：710061

印　　刷：西安市建明工贸有限责任公司

开　　本：787 mm × 1092 mm　1/16

印　　张：25.25

字　　数：305 千

版　　次：2024 年 6 月第 1 版

印　　次：2024 年 7 月第 1 次印刷

书　　号：ISBN 978-7-5541-6593-5

定　　价：98.00 元

前　言

　　"陕西是根，延安是魂。"中华民族和中国文化的根在陕西，中国共产党在延安铸魂奠基。延安是中国革命的圣地，是中国共产党人的精神家园。从 1935 年 10 月 19 日中共中央率领陕甘支队长征胜利落脚陕北吴起镇起算，到 1948 年 3 月 23 日党中央东渡黄河离开陕北前往华北为止，党中央和老一辈无产阶级革命家在延安战斗生活了十三个春秋，史称"延安时期"。延安和陕甘宁边区成为抗日战争的政治指导中心和中国人民解放斗争的总后方、万众瞩目的革命圣地。在中国共产党一百年波澜壮阔的历史进程中，延安时期具有特殊而重要的地位。

　　就时间延续而言，党在新民主主义革命时期二十八年中，井冈山革命根据地前后存续时间为两年四个月，中央根据地从初步形成到最后失守共四年时间，西柏坡时期总共只有十个月，延安时期的十三年几乎是民主革命时期的一半时间。

　　就历史内涵而言，恰好在延安时期，中国共产党从失败走向胜利，中国革命从低潮走向高潮，人民军队从弱小走向强大，治国理政从局部走向全国。中国共产党实现了事业大发展、思想大丰收、人才大荟萃，铸造了党魂、军魂、国魂和民族魂，奠定了未来走向。西北（陕甘）革命根据地不仅成为土地革命战争时期我们党创建的十几个根据地中硕果仅存、完整保留的根据地，而且成为中共中央和中国工农红军战略转移的落脚点、抗日民族解放战争的出发点。1935 年 10 月，中央红军经过长征到达陕北吴起镇时，几乎弹尽粮绝，财政经济极度紧张，队伍不足 8000 人；经过延安时期的迅猛发展，党员近 300 万，部队 249 万，从延安走向了西柏坡，走向了天安门，建立了中华人民共和国。延安不仅是革命圣地，还是民族圣地和民主圣地，是延安精神的发祥地、革命精神的接续地。延安时期是中国共产党思想上的成熟期、理论上的定型期、政治上的辉煌期、组织上的壮大期、作风上的彰显期。1945 年 6 月 26 日，联合国大会举行了联合国宪章签字仪式。中共代表董必武与其他中国代表分别在宪章上签名，向世人昭示着中国作为联合国创始国的尊严，记载着中共对创建联合国所做出的历史性贡献，见证着中共从西北一隅冲出国门，走向世界，也预示着未来中共在世界的地位。延安时期是中华民族近代以来从衰败走向复兴的转折时期，是中国共产党从失败走向胜利的辉煌岁月，是中国革命从低潮走向高潮的成功时代。

在辉煌的延安时期，中国共产党在政治上推动中国革命实现了两次历史性转变。一次是成功地推动了中国由国内革命战争向抗日民族解放战争的转变；一次是成功地推动了中国由抗日民族解放战争向人民解放战争的转变。中国共产党审时度势，召开了吴起镇会议、瓦窑堡会议、洛川会议、六届六中全会、九月会议、三月政治局会议、六届七中全会、十二月会议，独立自主处理重大挑战，正确处理和共产国际的关系，成功应对各种复杂形势的考验，和平解决西安事变，建立以国共合作为基础的抗日民族统一战线。党坚持对国民党蒋介石集团既团结又斗争，打退和制止了国民党顽固派的三次反共高潮，提出建立民主联合政府的主张，驾驭了复杂而曲折的政治局面，创造了一整套坚持统一战线中独立自主的领导权的丰富经验。中国共产党争取实现国内和平民主，和国民党进行重庆谈判，参加政治协商会议。在国民党悍然发动全面内战时，提出"帝国主义和一切反动派都是纸老虎"的著名论断，领导中国人民坚决以革命战争反对蒋介石的反革命战争，开展新式整军，以三支大军挺进中原转入战略进攻，发出"打倒蒋介石、解放全中国"的口号，提出十大军事原则；制定《中国土地法大纲》，在解放区普遍深入开展土地制度改革运动，从根本上摧毁中国封建制度根基；党领导中国革命战争取得历史性转折，为中国革命胜利和中华民族走向复兴之路奠定了最重要的基础。

在辉煌的延安时期，中国共产党在思想上实现了马克思主义与中国实际结合的第一次历史性飞跃。在领导中国人民进行抗日战争和解放战争的伟大革命中，以毛泽东为代表的中国共产党人，把马克思列宁主义的普遍原理同中国革命具体实践相结合，明确提出了"马克思主义中国化"的科学命题，创造性地运用和发展了马克思列宁主义，形成了马克思主义中国化的第一个理论成果——毛泽东思想。《毛泽东选集》一至四卷159篇文章中，撰写于延安时期的就有112篇；《毛泽东文集》一至八卷802篇文章中，撰写于延安时期的就有385篇。党确立了实事求是的思想路线，为党的指导理论的创新发展和马克思主义中国化开辟了科学的方法论路径；制定了无产阶级领导的，人民大众的，反对帝国主义、封建主义和官僚资本主义的新民主主义革命总路线；系统阐明了新民主主义理论；完整地提出了统一战线、武装斗争和党的建设的战胜敌人的三大法宝；制定了精兵简政、"三三制"、减租减息、大生产运动和自己动手、丰衣足食等具体政策。七大确立了毛泽东思想在全党的指导地位，"马克思列宁主义的普遍真理一经和中国革命的具体实践相结合，就使中国革命的面目为之一新。"①

在辉煌的延安时期，中国共产党在组织上形成了以毛泽东为代

---

① 毛泽东选集：第三卷[M].第2版.人民出版社，1991：796.

表的中国共产党第一代中央领导集体。中国共产党人培育了一大批建国精英、民族脊梁和英雄群体，基本奠定了中华人民共和国的组织基础与执政骨干。全党在马克思主义的基础上形成以毛泽东为核心的中央领导集体。毛泽东在井冈山战斗生活了一年零三个月，对中国革命道路进行艰辛探索，做出了独创性贡献，但他当时只是地方领导人。瑞金时期，由于王明"左"倾教条主义错误在中央开始占据统治地位，毛泽东屡受打击、排挤、孤立，身处"连一个鬼也不上门"[①]的逆境。延安时期，毛泽东从我们党的军事领袖成长为政治领袖，进而众望所归，成为历史选择、全党公认的精神领袖。

在辉煌的延安时期，中国共产党在政治文化上培育形成了伟大的延安精神。以毛泽东为代表的中国共产党人，继承中华民族优秀传统，坚持把马列主义基本原理同中国革命具体实践相结合，培育和逐渐形成了以坚定正确的政治方向、解放思想实事求是的思想路线、全心全意为人民服务的根本宗旨、自力更生艰苦奋斗的创业精神为主要内容的延安精神。延安精神集中体现中国共产党人的性质宗旨、优良作风、崇高品格、伟大情怀，彰显了中国共产党的先进指导思想、崇高奋斗目标、坚定政治立场、根本价值取向。伟大的

---

① 中共中央文献研究室.毛泽东传：1893—1949[M].中央文献出版社，1996：323。

党铸就伟大的精神，伟大的精神滋养伟大的党。延安时代镌刻着革命先辈坚定的理想信念、崇高的精神风范、独特的人格魅力，因而成为全党的珍贵财富、全民族的精神宝库。

在辉煌的延安时期，中国共产党在治国理政上为全国执政积累了宝贵经验。延安时期完整地经历了工农苏维埃政权、抗日民主政权、人民民主政权三个发展阶段和三种政权模式。在局部执政"实验区"和"示范区"陕甘宁边区，中国共产党人制定并实施了以"三三制"为原则的参议会制度、"两权半"政权结构等一系列新民主主义制度；探索破解"历史周期率"、建设廉洁政府、"实行民主真行宪"，边区土地上"民主中国的模型"发展为在北京诞生的新民主主义的中华人民共和国。中央召开延安文艺座谈会，为中国革命文艺的发展指明了方向，形成解放区新文艺运动。延安时期局部执政时间最长、经验最多、对全国执政影响最大。执政成效使爱国人士感慨"中国的希望在延安"，连一贯支持国民党政府的英美政府也不能不另眼相看。与其他历史时期相比，党在延安时期的局部执政更具代表性、典型性。中国共产党在局部执政实践中经过理论与实践双重探索，确立了中国社会进步发展的基本格局、基本方向，锤炼出一整套执政理国的杰出本领。中国共产党总结的党的建设、政权建设、军队建设、社会建设的丰富经验，不仅经过历史检验是成功、正确的，对中国特色社会主义新时代加强党的建设、国家建设和人民军队建设也有特殊的历史价值。

在辉煌的延安时期，中国共产党在党的建设上创造性地提出和成功实施了 "伟大的工程"。党顺应了历史发展潮流，把握中国革命规律，逐步成为全国范围的广大群众性的马克思主义政党。特别是经过整风运动和中共七大，确立了正确的马克思主义的思想路线、政治路线和组织路线，实现了全党在思想上、政治上、组织上的空前团结和统一。以整风的形式加强党的建设，为建设马克思主义政党开辟了新途径，为加强党的建设创造了新形式，为正确解决党内矛盾提供了新思路，为把思想建设放在首位积累了新经验。党的扩大的六届七中全会原则通过了《关于若干历史问题的决议》，使全党特别是党的高级干部对中国民主革命的基本问题的认识达到在马克思列宁主义基础上的一致。在总结历史经验的基础上，形成了党的理论和实践相结合的作风、和人民群众紧密地联系在一起的作风，以及批评与自我批评的三大优良作风。党和人民群众建立了血肉不可分割的联系，成为中国革命事业当之无愧的领导核心。

总之，延安时期是中国共产党矢志践行初心使命的时代，是中国共产党筚路蓝缕奠基立业的时代，是中国共产党创造辉煌开辟未来的时代。在十三年艰苦奋斗中，党团结带领人民开创了伟大道路，建立了伟大功业，确立了伟大领袖，铸就了伟大精神，积累了宝贵经验，创造了中华民族发展史、人类社会进步史上令人刮目相看的延安奇迹。

2021年7月1日，习近平总书记在庆祝中国共产党成立一百周年大会上的讲话中指出："以史为鉴，可以知兴替。我们要用历史映照现实、远观未来，从中国共产党的百年奋斗中看清楚过去我们为什么能够成功、弄明白未来我们怎样才能继续成功，从而在新的征程上更加坚定、更加自觉地牢记初心使命、开创美好未来。"历史是最好的教科书，历史是最好的清醒剂，历史是一面镜子。对我们共产党人来说，中国革命历史是最好的营养剂。多重温这些伟大历史，心中就会增加很多正能量。我们党历来重视党史学习教育，注重用党的奋斗历程和伟大成就鼓舞斗志、明确方向，用党的光荣传统和优良作风坚定信念、凝聚力量，用党的实践创造和历史经验启迪智慧、砥砺品格。中国共产党在延安时期的历史实践，在中国共产党自身的历史和整个中国革命历史、中华民族发展史上都占有极为重要的地位。党中央在延安时期领导中国革命的辉煌历程是中国革命由挫折走向胜利的真实记录，是党领导全国人民艰苦创业的生动写照，是老一辈无产阶级革命家留下的一笔丰厚的历史宝藏。延安时期蕴含着中国共产党人的红色基因、制胜之道、精神密码。

这些弥足珍贵的财富，不仅是中国共产党人滋养初心、淬炼灵魂的鲜活载体，也是每一个中国人学习党史、感悟精神、净化心灵、陶冶情操的无尽宝藏。学习研究了解延安时期的历史，可以弄明白"中国共产党为什么能""马克思主义为什么行"，也能从历史维度更为深刻地认识"中国特色社会主义为什么好"。

党的十一届三中全会以后，党史研究不断深入，成果可谓汗牛充栋，有关延安时期的研究逐渐成为显学。中国特色社会主义进入新时代，延安时期的研究不断向广度和深度拓展。无数研究者皓首穷经、探幽索微，为后人的不断开掘奠定了坚实的基础。历史不断发展，成果日新月异。为了更形象生动地展现这段历史，传承红色基因、赓续红色血脉、弘扬优良传统，我们从浩如烟海的延安时期历史中精心选取了一些重要专题、重大事件、典型人物，编著了《延安时期图志》，分为政治、军事、新闻出版三卷，把翔实的丰富史料和珍贵的历史照片相结合，"图"在生动形象、可读性强，"志"在悉心考证、史料精准；力图通过准确翔实的历史资料、感人肺腑的生动情节，全面、准确、真实、系统地展现延安时期的辉煌历程，为党员干部和社会各界深入学习了解延安时期提供载体。这些经过党史专家认真考证过的信史和鲜活的事例，基本展现出延安时期的概貌，充分体现出共产党人的精神风范与人格魅力，是党员干部不忘初心、牢记使命的生动活泼的党性教材，是社会各界明理增信、立根固本的图文并茂的信史读本。我们尽了自己最大的努力，能否达成目标，有待于学界各位方家和各界有识之士教正。

明镜所以照形，古事所以知今。一切向前走，都不能忘记走过的路；走得再远、走到再光辉的未来，也不能忘记走过的过去，不能忘记为什么出发。立志于中华民族千秋伟业，百年恰是风华正茂。中国共产党已经走过了一百年辉煌的奋斗历程，什么时候都不能忘记自己有过一个延安时期。如果忘记了这段历史，就不能深刻地认识现在和正确地走向未来。只有经常回头看，才能更好地朝前走。

毕远佞

2023 年 3 月 3 日

作者系中共陕西省委党校（陕西行政学院）延安精神研究中心主任、陕西省重点中国特色社会主义理论体系研究中心"延安精神研究"学术团队首席专家、二级教授。

目 录
contents

第一编　概述

第二编　党的建设

第三编 会议

第一编 概述

陕甘边革命根据地

陕甘边革命根据地是土地革命战争时期，由中共陕西省委和陕甘边特委领导，刘志丹、谢子长、习仲勋等同志为代表的共产党人带领革命军队和陕甘边人民，在陕西省和甘肃省交界地区逐步建立和发展的重要根据地。

陕甘边革命根据地从发展过程来看，大致经历了建立陕甘边革命武装、成立陕甘边区革命委员会、创建和巩固陕甘边革命根据地等几个历史阶段。陕甘边革命根据地的发展经历了三个阶段：以寺村塬为中心的陕甘边革命根据地（1932 年 3 月底—8 月底）、以照金为中心的陕甘边革命根据地（1933 年 4 月—10 月）和以南梁为中心的陕甘边革命根据地（1933 年 11 月—1935 年 2 月），这三个苏区一脉相承。以南梁为中心的陕甘边革命根据地的创建，一举扭转了红二十六军南下失败和陕西省委被破坏后陕甘地区的危急局面。

1935 年 2 月，陕甘边革命根据地与陕北革命根据地统一成为西北（陕甘）革命根据地。陕甘边革命根据地全盛时期东至宜川、西到定边、南接耀县、北迄靖边，在纵横数百里的陕甘边界建立了巩固的苏区和游击区。以甘肃庆阳的南梁为中心，在陕西安塞、甘泉、旬邑、耀县和甘肃庆阳、合水等县的部分农村建立了工农政权，新设陕甘边南区及华池、赤安、庆北、安塞、赤淳、富西、富甘、合水、中宜、宁县、正宁 11 个苏维埃政府。陕甘边革命根据地为西北（陕甘）革命根据地的发展奠定了基础，积累了经验，培养了人才，为中国革命做出了历史性贡献。

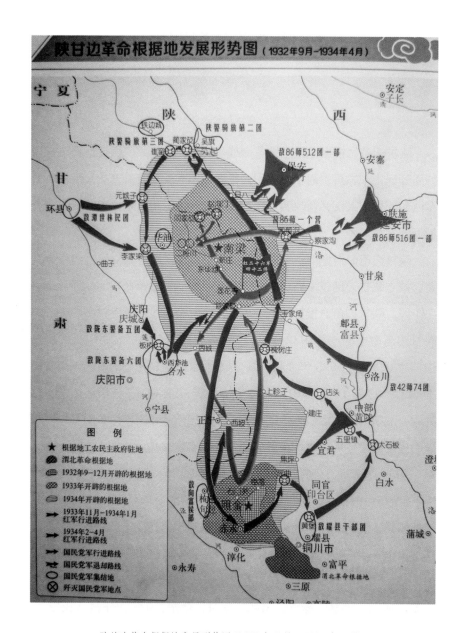

陕甘边革命根据地发展形势图（1932年9月—1934年4月）

陕北革命根据地

陕北革命根据地是土地革命时期，先后在中共陕西省委、中共河北省委、中共北方局、中共中央驻北方代表的领导下，中共陕西省委和中共陕北特委领导陕北人民创立和逐步发展起来的革命根据地。

陕北革命根据地的发展，大致经过陕北党组织的发展壮大、根据地革命武装的建立和发展、各级工农政权的建立和巩固三个阶段。1928年4月，中共陕北特委正式成立，并着手创建陕北根据地的准备。随着革命武装的壮大，到1934年冬，陕北红军游击队已发展到26个支队，为建设一支正规红军打下了坚实基础。1935年1月，中共陕北特委将陕北红军各部合编成立中国工农红军第二十七军八十四师，保证了革命根据地的发展与巩固，并彻底地粉碎了国民党军队对陕北革命根据地的第一次"围剿"。

同时，根据地的政权建设也迅速发展起来。到1935年1月下旬，陕北省苏维埃政府在赤源县（原安定县，今子长县）白庙岔正式成立。苏维埃政权建立后，普遍展开了土地分配工作，使广大贫苦农民第一次获得土地。工农政权的建立和广大贫苦农民的积极拥护，使陕北革命根据地不断地得到巩固和发展。全盛时期设有赤源（安定）、清涧、神木、佳县、吴堡、绥德等九个苏维埃县治，形成神（木）府（谷）和绥（德）清（涧）两块苏区。1935年2月，陕北革命根据地与陕甘边革命根据地统一为西北（陕甘）革命根据地，为创建统一的西北（陕甘）革命根据地奠定了坚实的基础，为中国革命的胜利都起到了重要的作用。

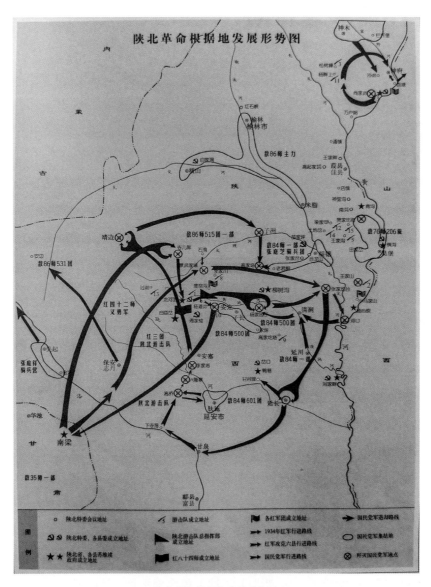

陕北革命根据地发展形势图

西北（陕甘）革命根据地

西北革命根据地（又称陕甘革命根据地），是在土地革命战争后期由陕甘边革命根据地和陕北革命根据地合并后成立并逐步发展起来的，是土地革命时期中国共产党领导的许多块红色根据地中"硕果仅存"的重要根据地。

1935 年 2 月 5 日，陕北特委和陕甘边特委在安定县（今子长县）周家崄村召开联席会议，成立了以惠子俊为书记的中共西北工作委员会、以刘志丹为主席（一说谢子长）的工农红军西北军事委员会，实现了两个苏区党组织和两支红军的统一领导，标志着西北（陕甘）革命根据地的形成。在中共西北工委和西北军委的领导指挥下，西北（陕甘）根据地军民奋战 7 个多月，连克安定（今子长）、延长、延川、安塞、靖边、保安（今志丹）六座县城，使陕甘边苏区和陕北苏区连成了一片。西北（陕甘）革命根据地在鼎盛时期，东临黄河之滨，西迄六盘山下，北到长城，南至桥山，包括今陕西省西北部和北部、甘肃省东部、宁夏回族自治区东南部地区；曾建立陕甘边、陕北、陕甘晋省，神府、关中特区等及所属 53 个县苏维埃政府，成为一块比较完整的革命根据地。

全面抗战爆发后，成为陕甘宁边区的重要组成部分。1935 年 10 月，中共中央率领中央红军长征到达陕北，西北（陕甘）革命根据地进入由中共中央直接领导的阶段，成为指导全国人民革命运动和传播马克思列宁主义的中心。西北（陕甘）革命根据地是中共中央和各路红军长征的落脚点和八路军主力奔赴抗日前线的出发点。西北（陕甘）革命根据地为中国共产党领导抗日战争和人民解放战争的胜利立下了丰功伟绩，为新民主主义革命的胜利和社会主义建设作出了重要贡献。西北革命根据地形成的优良传统，如实事求是、艰苦奋斗的精神，为后来形成的延安精神打下了基础。

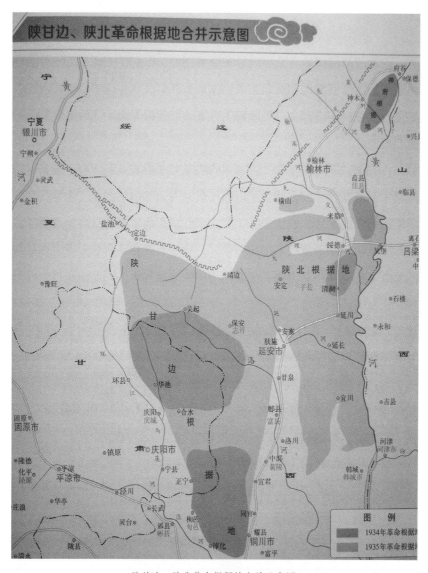

陕甘边、陕北革命根据地合并示意图

陕北"肃反"

陕北"肃反"指中共中央长征到达陕北后，迅速采取措施，停止和纠正了西北根据地的错误"肃反"，成功化解了根据地危机。

1935 年 9 月至 10 月间，受"左"倾错误思想的影响，西北革命根据地发生错误"肃反"事件，逮捕了刘志丹等一大批党、政、军领导干部，错杀 200 多人，西北根据地陷入严重的危机。11 月 3 日，中共中央在甘泉下寺湾听取陕甘晋省委负责人汇报后，深感事态的严重和紧迫，立即下令停止一切"肃反"行动，要求"停止逮捕，停止审查，停止杀人，一切听候中央解决！"[①]并成立了由董必武、李维汉、秦邦宪、王首道、刘向三等同志组成的审查委员会，负责查处西北"肃反"中的问题。党中央将刘志丹等 30 多名被捕同志全部释放，对受到错误对待的同志予以平反并恢复工作。刘志丹被任命为西北军委后方办事处副主任兼中央所在地瓦窑堡警备司令。

同时，给予本次事件的主要责任人西北军委主席聂洪钧和保卫局长戴季英党内最后警告处分。对西北错误"肃反"的及时纠正，稳定了干部队伍，加强了内部团结，使西北根据地转危为安，挽救了西北党、红军和苏区。1942 年 12 月，在西北局高干会上，中共中央重新审查了陕北的"肃反"问题，分清了路线是非，并做出了《关于 1935 年陕北（包括陕甘边和陕北）"肃反"问题重新审查的决定》。

---

① 中共中央文献研究室.毛泽东传：1893—1949[M].中央文献出版社，1996：323.

刘志丹

谢子长

中共中央和各路红军长征到达陕北

　　土地革命战争时期，中共中央和中国工农红军主力撤离长江南北各苏区，经过艰苦转战，到达陕甘苏区的战略转移行动。红军长征先后有中央红军（红一方面军）、红二方面军、红四方面军和红二十五军。

吴起镇

长征到达陕北后的红一方面军部分指战员

　　1934 年 10 月，中共中央和中央红军从江西革命根据地出发，开始长征。

　　中央红军指战员在极端艰难的条件下冲破国民党重兵追堵，克服雪山草地的自然险阻，战胜党内分裂的危机，于 1935 年 10 月 19 日下午，从定边木瓜城、铁角城进入西北根据地保安县吴起镇（今吴起县），受到西北红军和群众的欢迎。这宣告中央红军胜利完成了历时一年、纵横十一个省、行程二万五千余里的战略转移任务，为其他主力红军的长征指明了方向，为长征的胜利奠定了基础。

1934年11月，红二十五军从河南省罗山县何家冲出发开始长征，创建了红军长征途中唯一建立的根据地——鄂豫陕革命根据地。红二十五军于1935年9月15日到达陕北永坪镇，次日同西北红军第二十六、第二十七军会师，结束长征。红二十五军是长征到达陕北的第一支队伍，有力地配合了中央红军的北上行动，加强了陕甘革命根据地的力量。

1936年10月，红一、红二、红四方面军在甘肃会宁、静宁将台堡会师，结束了长征。红军长征的胜利，宣告了国民党反动派消灭中国共产党和红军的图谋彻底失败，宣告了中国共产党和红军肩负着民族希望胜利实现了北上抗日的战略转移，实现了中国共产党和中国革命事业从挫折走向胜利的伟大转折，开创了党中央把全国革命大本营放在陕北的新的历史时期。

制定抗日民族统一战线策略

　　九一八事变后，中国共产党面对日本侵华的危机，彻底清算"左"倾关门主义倾向，建立抗日民族统一战线的政治路线和革命策略。

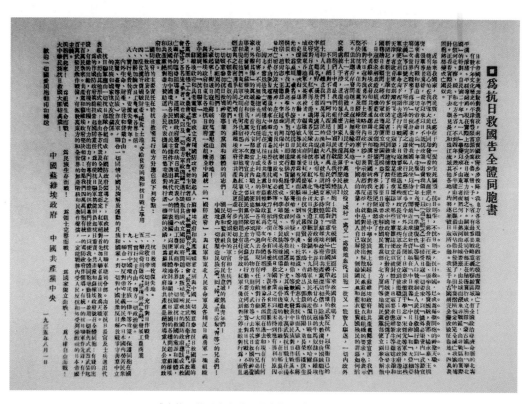

《为抗日救国告全体同胞书》（《八一宣言》）

1935 年 8 月 1 日，中共驻共产国际代表团以中国苏维埃政府和中共中央的名义草拟了《为抗日救国告全体同胞书》（《八一宣言》），不久公开发表。宣言号召全国人民团结起来，停止内战，组织国防政府和抗日联军，为抗日救国而奋斗。《八一宣言》是推动第二次国共合作的重要文件，实行抗日民族统一战线策略的开始。

1935 年 12 月，瓦窑堡会议通过《关于目前政治形势与党的任务决议》，指出党的策略任务就在于发动、团结和组织全中国和全民族一切革命力量去反对当前的主要敌人——日本帝国主义。12 月 27 日，毛泽东根据会议精神，在党的活动分子会议上做了《论反对日本帝国主义的策略》的报告，分析了组织广泛的民族革命统一战线的可能性问题。瓦窑堡会议，解决了党的政治路线和策略问题，从理论和政策上正式确立了中国共产党关于建立抗日民族统一战线的策略。在抗日战争时期，由于中国共产党的正确策略方针，使抗日民族统一战线得以建立，并不断得到巩固，从而取得了抗日战争的伟大胜利。

红军抗日先锋军东征

　　红军抗日先锋军东征，是 1936 年春，为了贯彻瓦窑堡会议制定的战略方针，发展、巩固西北根据地，中国共产党组织了由彭德怀任总司令、毛泽东任总政委、叶剑英任总参谋长的中国人民红军抗日先锋军，从陕甘苏区东渡黄河进入山西，宣传党的抗日主张，与晋绥军和国民党中央军英勇斗争，开辟抗日通道的重要战役。1936 年 1 月 15 日，毛泽东、周恩来、彭德怀签发了"关于红军东进抗日及讨伐卖国贼阎锡山的命令"，命令主力红军即刻出发，打到山西去。

　　1936 年 2 月 17 日，毛泽东签发东征宣言，宣告红军"为实现抗日，渡河东征"。2 月 20 日开始，红军抗日先锋军突破黄河天险后兵分三路，长驱东进。历时 75 天的东征作战中，红军击溃了晋绥军 30 多个团的围追堵截，转战山西 50 余县，歼敌 1.3 万千余人，俘敌 4000 余人。5 月 2 日回师河西，至 5 月 5 日，全部返回陕北。东征取得了重大胜利，打了胜仗，提高了部队的战斗力；发动了群众，扩大了红军；筹集抗日经费；组织地方游击队 30 多支，建立了县、乡、村苏维埃政权，发展了党的地方组织；广泛宣传了党的抗日民族统一战线主张，在山西播下了抗日的革命火种，为以后开辟抗日根据地打下了基础。

东征红军攻打山西襄陵城

红军西方野战军西征

　　红军西方野战军西征，是土地革命战争时期，以中国工农红军第一方面军为主力组成红军西方野战军，对陕西、甘肃、宁夏三省边界地区国民党军的战略性进攻战役。

西征红军

为了巩固西北根据地，壮大红军，努力争取西北抗日力量大联合，在陕甘宁三省边界地区创建新苏区，1936年5月18日，中共中央和西北革命军事委员会颁发西征战役计划，以红一方面军第一、第十五军团和第八十一师等部组成红军西方野战军，彭德怀任司令员兼政委。红军西方野战军于1936年5月19日至20日以红一军团为左路军，红十五军团为右路军，分两路西进，开始西征。

西征战役分为两个阶段，至6月7日，左路军在曲子、阜城战斗中，缴获国民党军马鸿宾为师长的第三十五师步枪1200余支，迫击炮数门，俘骑兵旅旅长冶成章及官兵1600余人，占领洪德城、环县、曲子、阜城、三岔纵横300余里广大地区。右路军占领了宁条梁，打击三边、盐池一带地主武装，争取长城内外回民、蒙民数万人拥护抗日红军，恢复并扩大了三边苏区版图。

为巩固和扩大胜利成果，从6月14日至27日，西方野战军发起第二阶段作战，摧毁安边、定边、豫旺堡等支点，肃清民团。7月间，西方野战军又相继打退了国民党军队的多次反扑和袭扰，巩固并扩大了根据地，使新老根据地连成一片。7月底，西方野战军主力集结在豫旺地区休整，战役结束。

西征战役历时两个多月，大获全胜，给坚持反共的宁夏军阀马鸿宾、马鸿逵以重大打击。解放环县、定边、盐池、豫旺（今同心）4座县城，陕甘苏区向西推进约200公里，发展为陕甘宁苏区。西征战役为策应红二、红四方面军北上，实现三大主力红军会师，开创中国革命新局面创造了有利条件。

宁夏回族同胞与红军联欢

中共与国民党关于合作抗日的谈判

　　西安事变和平解决后，为了尽快建立抗日民族统一战线，从1937年2月中旬至8月，中国共产党代表与国民党代表，先后在西安、杭州、庐山等地，就国共合作抗日进行了五轮谈判，主要解决国共两党关系、红军改编和陕甘宁边区改制等问题，谈判过程一波三折，

西安事变后，周恩来（前排右一）、叶剑英（左一）与国民党联络员张冲在西安谈判

国共两党同祭黄帝陵

最终促成第二次国共合作。

　　1937年2月至7月中旬，中共代表周恩来、秦邦宪、叶剑英、林伯渠等与国民党代表蒋介石、顾祝同等，就国共合作的具体问题进行了四轮正式谈判。在谈判中，中共代表坚持致国民党三中全会电所提"五项要求、四项保证"的原则立场，并在7月发出《中国共产党为公布国共合作宣言》，表达了中国共产党对合作抗日的诚意。但因国民党方面坚持取消共产党组织上的独立性，取消红军，取消革命根据地的主张，双方在前四轮谈判没有达成协议。8月中旬，中共代表与蒋介石等就发表中共宣言和改编红军问题，在南京举行第五轮谈判，蒋介石被迫同意将在陕北的中央红军改编为国民革命军第八路军。9月22日，国民党《中央通讯社》发表了《中国共产党为公布国共合作宣言》，共产党的合法地位得到了实际承认。至此，以国共合作为主体的抗日民族统一战线正式形成，第二次国共合作开始。

东北军

　　东北军是国民革命军东北边防军的简称，前身为奉系军阀张作霖所统率的军队，称为奉军，东北易帜之后编为国民革命军东北边防军，纳入南京政府军系统，是"中华民国"时期中国唯一海、陆、空编制齐备的军队。

　　九一八事变爆发后，东北军6个旅退入关内，5个旅在东北坚持

爱国将领张学良

1936 年 4 月 9 日，中共全权代表周恩来与张学良在肤施（今延安）城内基督教堂举行会谈，达成了联合抗日的协议

抗日，5 个旅投靠日军。1935 年夏，东北军主力被蒋介石调至陕甘一带"围剿"红军，经历劳山、榆林桥、直罗镇三次战役，损失近三个师。瓦窑堡会议后，为了实现抗日民族统一战线的主张，中共中央加强了对以张学良为首的东北军的争取工作。4 月，周恩来与张学良在延安举行了联合抗日救国会谈。延安会谈后，东北军确立联共抗日方向，与杨虎城的十七路军友好相处，张学良还陆续派代表分赴晋、绥、冀、两广、新疆等地，联络各地方实力派，酝酿联合抗日，为在西北地区形成抗日民族统一战线局面奠定了重要的基石。

1936 年 12 月 12 日，张学良和西北军将领杨虎城发动西安事变，西安事变的和平解决，成为时局转换的枢纽，对促成以国共合作为基础的抗日民族统一战线的形成，起到了重要作用。

十七路军

　　十七路军是国民革命军第十七路军的简称，1929 年 5 月，杨虎城率部附蒋，被任命为第七军军长，下辖新编第 14 师（后改称成为第 17 师），第七军以后又改称国民革命军第十七路军，杨虎城任第十七路军总指挥。

爱国将领杨虎城

瓦窑堡会议后，中共中央加强了对十七路军的争取工作，经过多方面的努力，中国共产党与十七路军建立了比较牢固的关系。在红军与十七路军接触的地带，实际形成了停战和互不侵犯的状态，杨虎城赞成互不侵犯、取消经济封锁、建立军事联络、联合抗日等主张。

1936 年春，红军、东北军和十七路军形成了"三位一体"的抗日民族统一战线。同年 12 月 12 日，与东北军共同发动西安事变。西安事变和平解决后，杨虎城被勒令出国"考察军事"，西安绥靖公署及第十七路军各部队被南京国民政府编为第三十八军、第九十六军共 4 个师。卢沟桥事变爆发后，先后改编为第 31 军团和第 4 集团军，孙蔚如任总司令。

1945 年 6 月，96 军撤销番号，第 177 师转隶第 38 军。解放战争开始后，经中国共产党的努力，第三十八军第十七师两个团又一营和第五十五师先后起义，并于 1946 年 9 月改编为西北民主联军第三十八军。1949 年 2 月，西北民主联军第三十八军撤销番号，部队编入解放军其他部队。

西安事变的和平解决

西安事变，又称"双十二事变"。1936 年 12 月 12 日，在中国共产党抗日民族统一战线政策和人民抗日运动的影响和推动下，张学良和杨虎城为了达到劝谏蒋介石停止内战，联共抗日的目的，在西安发动"兵谏"。后在中国共产党的主导下，以蒋介石接受"停止内战，联共抗日"的主张而和平解决。

1936 年 12 月 13 日《西北文化日报》对西安事变的报道

西安军民上街游行，支持张学良、杨虎城的抗日壮举

　　1936 年，西安学生纪念一二九运动一周年，万余人游行示威，要求停止内战、一致抗日，并要去华清池向蒋介石请愿。张学良亲赴灞桥劝阻。张学良、杨虎城再三向蒋介石苦谏放弃"攘外必先安内"的做法，蒋介石拒绝了张、杨的要求，调嫡系部队至豫陕边境逼迫张、杨进攻红军。张、杨无奈，于 12 月 12 日凌晨发动兵谏，在临潼华清池扣留了蒋介石，同时宣布取消"西北剿匪总部"，成立"抗

日联军西北临时军事委员会”，并通电全国，提出抗日救国八项主张，史称西安事变。

17 日，应张学良、杨虎城邀请，中共代表周恩来、秦邦宪、叶剑英等抵达西安，协助解决事变的问题。中国共产党从民族利益出发，主张在有利于抗日的前提下和平解决这一事件，并通电全国，提出和平解决事变的建议。宋子文代表南京方面，张、杨代表西安方面，周恩来作为中共全权代表，经三方多次谈判，蒋介石被迫接受停止内战、联共抗日的条件，西安事变和平解决。西安事变的和平解决，成为时局转换的枢纽。事变粉碎了亲日派和日本帝国主义者的阴谋，促进了中国共产党逼蒋抗日方针的实现，为建立抗日民族统一战线准备了必要的前提，成为由国内战争走向抗日民族战争的转折点。从此，十年内战的局面基本结束，国内和平初步实现。

中共中央进驻延安

西安事变后，东北军撤离延安向西安一带集中，根据双方达成的协议，延安城由红军接管，但此时延安城内仍有由国民党地方民团和县府保安队把守。周恩来在赴协调处理西安事变前，指示有关

红军开进延安城

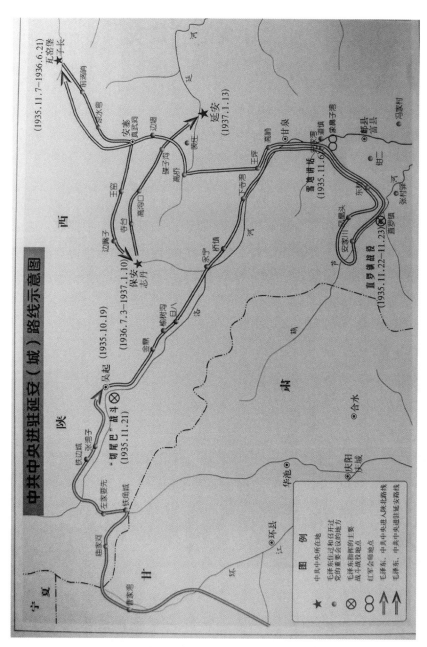

中共中央进驻延安（城）路线示意图

同志尽可能争取和平解放延安城，如果不行，再由部队解决。12月18日，江华率领红一团进驻延安，和平接管了延安城。

红军进城后，立即成立了治安委员会，迅速有效地开展宣传保卫等工作，维持城市治安，主持城市的工作。延安城内的商业、学校、交通、邮电等各项事业很快恢复正常。1937年1月10日，毛泽东率中共中央机关一行离开保安（今志丹），经寺儿台、安塞县高沟口、碟子沟等地，经过4天200多华里的行军，于1月13日进驻延安。第二天上午，在延安大操场（今大东门以北处）召开了欢迎大会。会上，毛泽东做了抗日动员，要求各界人士今后要事事讲抗日，处处为抗日做贡献。

从1937年1月13日至1947年3月19日，中共中央驻延安达十年零两个月。中共中央进驻后，延安成为中共中央的所在地，陕甘宁边区首府，抗日战争和解放战争的指挥中心和战略总后方，成为举世闻名的革命圣地。

国民党五届三中全会

中国国民党第五届中央执行委员会第三次会议，于 1937 年 2 月 15 日至 22 日在南京召开。

为了促成国共两党合作抗日，1937 年 2 月 10 日，中共中央致电中国国民党，提出五项要求和四项保证。五项要求是：停止一切内战，集中国力一致对外；保障言论、集会、结社之自由，释放一切政治犯；召集各党各派各界各军的代表会议，集中全国人才，共同救国；迅速完成对日作战的一切准备工作；改善人民生活。如果国民党能够实行上述要求，共产党为了全国一致抗日的目的，愿意做出四项保证：在全国范围内停止推翻国民党政府的武装暴动方针；工农民主政府改名为"中华民国"特区政府，红军改名为国民革命军，直接受南京政府与军事委员会的指导；在特区政府区域内，实施普选的彻底民主制度；停止没收地主土地的政策，坚决执行抗日民族统一战线的共同纲领。五项要求四项保证，是中共中央向国民党提出的两党合作的基本条件，也是对国民党的一个重大让步，表明了中国共产党的合作诚意和原则立场。

经过激烈斗争，全会接受了宋庆龄等人联名提出的《恢复孙中山先生手订联俄、联共、扶助农工三大政策案》，否定了汪精卫提出的坚持"剿共"的政治决议案。这次会议的召开，确认了西安事变和平解决的成果，国民党基本确定了停止内战，实行国共合作的原则，标志着国共合作的抗日民族统一战线已初步形成。

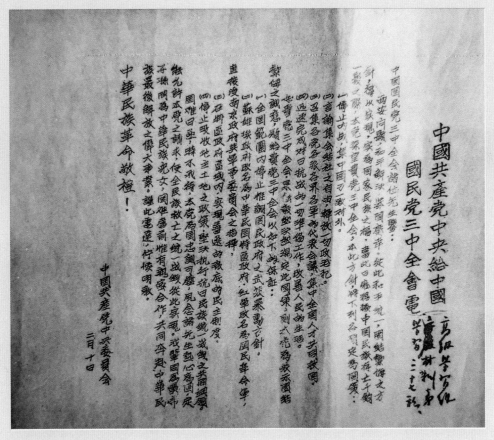

1937年2月10日，中共中央致电国民党五届三中全会，提出联合抗日的要求和保证

红军改编与出师抗日

　　红军改编，是指中国共产党为了民族利益和抗战大局，根据国共两党达成的协议，于 1937 年 8 月，将中国工农红军主力改编为国民革命军第八路军（简称八路军），并于同年 10 月，将南方红军游击队改编为国民革命军陆军新编第四军（简称新四军）。

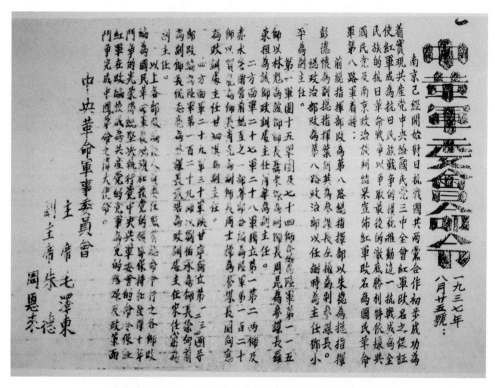

1937 年 8 月 25 日，中共中央革命军事委员会发布的改编命令

主力红军改编誓师大会

改编后的八路军和新四军，是中国共产党直接领导的抗日武装力量，也是中国人民解放军的前身。1937年8月22日，根据国共两党达成的协议，南京国民政府军事委员会发布命令，将中国工农红军主力改编为国民革命军第八路军（后改为第十八集团军，但习惯统称八路军），任命朱德、彭德怀为正副总指挥。8月25日，中共中央军委向红军发出改编命令，八路军下辖一一五师、一二〇师、一二九师和总部直属部队，全军近4.6万人。由于战场形势危急，在朱德总指挥率领下，分两批出师东进，从韩城芝川渡口东渡黄河，奔赴华北，抗击日本侵略者。1937 年 10 月，中国共产党将南方八省的红军游击队改编为"国民革命军陆军新编第四军"（简称"新四军"），叶挺为军长，项英为副军长。

　　1937 年 12 月 5 日，新四军军部在汉口成立，全军下辖四个支队，共一万余人。1938 年 4 月，新四军各部队在短短的两个月时间里胜利完成了下山、开进、集中整编的任务。此后，挺进华中，开辟敌后抗日根据地。同时，华南游击队广泛开展游击作战。红军的改编，实现了中国国内革命战争向全面抗日战争的伟大转变，从军事上标志着中国抗日民族统一战线的最终形成，全国军队形成一致合力，共同抵御日寇的进攻。

设立八路军、新四军驻国统区办事机构

全国抗战时期，八路军、新四军改编完成后，在国民党统治区的一些主要城市陆续设立了办事机构，一般称办事处，有的称留守处、通讯处、交通站或联络处。主要任务是宣传中共的抗日主张，开展统一战线工作，推动群众性的抗日救亡运动，联络友军，采购与转运军需物资，接待中共过往人员，输送爱国人士参加八路军和新四军，掩护中共地方组织的活动，营救被捕的共产党人和进步人士等等，是我党在国统区的红色堡垒，为抗战的胜利做出了贡献。

八路军驻陕办事处大门

八路军驻陕办事处"七贤庄"全貌

八路军改称第十八集团军后，八路军办事处也称第十八集团军办事处，但通常仍称八路军办事处。这些办事处存在的时间，有的贯穿了整个抗战时期，如八路军驻陕办事处直至1946年9月才撤回延安，有的存在时间较短。

1940年前后，因国民党顽固派制造反共事件，新四军驻各地办事处被迫撤销。八路军设在各地的办事处主要有：驻陕办事处、驻晋办事处、驻南京办事处、驻沪办事处、驻甘办事处、驻新疆办事处、驻武汉办事处、驻湘通讯处、驻广州（韶关）办事处、驻香港办事处、驻衡阳办事处、驻桂林办事处、驻重庆办事处、驻洛阳办事处、驻豫北办事处、驻第一战区联络处、驻第二战区办事处等。新四军设在各地的办事机构有：驻赣办事处、驻武汉办事处、驻福州办事处、驻桂林办事处、驻上海办事处、驻平江留守处、驻竹沟留守处、驻湘通讯处等。其中，在武汉、长沙、重庆、桂林，八路军和新四军的办事处是合署办公。

设在各地的办事机构有：驻赣办事处、驻武汉办事处、驻福州办事处、驻桂林办事处、驻上海办事处、驻平江留守处、驻竹沟留守处、驻湘通讯处等。其中，在武汉、长沙、重庆、桂林，八路军和新四军的办事处是合署办公。

八路军留守兵团的成立与河防战斗

　　八路军留守兵团，又称八路军后方总留守处，是八路军主力部队相继开赴抗日前线时，为保卫党中央和陕甘宁边区的安全，加强对留守陕甘宁边区部队的领导和指挥，由在边区留守的部分兵力合编而成的八路

八路军留守兵团的骑兵在沙漠地带训练

1940年，八路军留守兵团司令员萧劲光（右）、政治部主任莫文骅（中）
与三八五旅参谋长耿飚在延安

军部队。对外称后方留守处，萧劲光任主任，政治部主任谭政，统一指挥各师留守部队，下辖8个警备团、三五八旅旅部及七七〇团等部，共9000余人。1942年5月13日，陕甘宁晋绥联防军司令部成立，留守兵团隶属联防军。9月15日，联防军与留守兵团合并，对外仍保留留守兵团司令部的名义。

从1937年成立至1945年番号取消，承担着"保卫边区，肃清土匪，安定人民生活，保卫河防，保卫党中央，巩固与扩大留守部队"的重要任务。八路军留守兵团在中央军委和毛泽东的直接领导下，在清除匪患、抗击日寇、反摩擦、大生产运动中立下了卓著的功绩，胜利地完成了保卫边区、保卫大西北、保卫党中央的光荣历史使命，并向全国各抗日战场输送了数千名干部，成为一支政治素质高、战斗力强的劲旅。

抗日战争时期，晋陕之间以黄河为界，北起府谷以南的贺家堡，南至宜川以北的圪针滩，长达500余公里的黄河防线由八路军防守。河防战斗，是抗日战争期间八路军留守兵团为保卫陕甘宁边区的安全，在府谷至宜川之间保卫黄河、抗击日军进攻的多次战斗。日军为切断晋西北与陕甘宁边区的联系，摧毁陕甘宁边区，调集重兵，向黄河河防发动多次进攻。为抗击日军对黄河河防的进犯，留守兵团根据党的指示下达抗战总动员及备战命令，成立两延（延川、延长）河防司令部及神府河防司令部，分段布防；又动员边区人民共同修筑了上千里的坚固河防工事防御工事。八路军留守兵团认真贯彻积极防御的作战方针，派出小分队至东岸开展游击战争，与八路军第一二〇师相配合，采取积极的侧后出击，给敌以沉重打击，拒日军于黄河以东。从1938年初至1939年底之间，八路军留守兵团依托黄河天险和工事，在晋西北主力部队的有力支持下，在广大人民群众的大力配合下，先后打退日军向边区河防阵地发动的23次进攻，进行大小战斗170次，消灭边区土匪40余股，使日军未能越过黄河一步，彻底粉碎敌人西渡的阴谋，英勇地保卫了陕甘宁边区和中共中央的安全。

成立陕甘宁边区政府

    陕甘宁边区，是由中国共产党全面领导的抗日民主政权。边区刚成立时有双重性质，既是受国民政府管辖的一个地方政权组织，相当于省的建制；又是中国共产党直接领导的新民主主义性质的政权，与国民党领导的其他地方政权组织有本质的区别。解放战争开始后，边区被蒋介石政府宣布为非法叛乱区域，脱离国民政府统治。边区政府成立于1937年9月，首府延安，是中共中央、中共中央军委所在地，也是八路军、新四军和其他人民抗日武装的指挥中枢和总后方。

陕甘宁边区政府旧址

陕甘宁边区政府主席林伯渠（右）和副主席李鼎铭

边区辖区在成立之初涉陕西、甘肃、宁夏三省，辖26个县，面积12.9万平方公里，人口约200万。在中共中央的直接领导下，边区政权组织由边区参议会、边区政府和边区高等法院，是三者统一的民主集中制；在政权的民主化建设方面采用直接的、平等的、不记名方式的民主选举方式，选出了各级议会及政府领导人；在政权建设中实行的"三三制"原则，是中国共产党在统一战线政权建设中的一个创造。边区政府贯彻执行了中共中央提出的《陕甘宁边区施政纲领》，领导陕甘宁边区人民进行了政权、经济和文化建设；开展了大生产运动，有力地支援了抗日战争和人民解放战争，成为"抗日民主的模范区"。

边区首府延安被称为革命圣地。1950年1月，陕甘宁边区政府撤销，历时12年又4个月。边区政府的成立，标志着边区已由工农民主制转变为抗日民主制，为巩固和扩大全国的抗日团结、争取抗战的最后胜利，为保卫和发展陕甘宁边区及整个西北解放区做出了伟大的贡献。

边区双重政权局面的形成和结束

　　双重政权局面，指的是全国抗战时期，陕甘宁边区境内，抗日民主制政权和国民党地方政权两种不同性质的政权同时存在的格局。

　　由于复杂的历史原因，边区的23个县中，只有保安、定边、安塞、盐池等几个县，是完全苏维埃区，在共产党完全独立领导下成立了

程　潜

抗日民主政府。而其他十几个县是统一战线区，统一战线区是被国民党侵占的苏维埃区域或由接防的国统区发展而来，它的特点是两种政权并存，出现了一个县同时存在着两个县长（一个是陕甘宁边区委任的县长，一个是国民政府委派的县长）的奇怪现象。

这种双重政权局面的存在，严重阻碍了陕甘宁边区的行政统一与政令一致。全国抗战爆发后，国民党顽固派企图限制、束缚以至打击瓦解中共及其领导的人民武装力量。在陕甘宁边区"双重"政权下的国民党专员、县长们，如绥德地区专员何绍南、洛川专员钟相毓等，制造了一系列反共摩擦事端，从各个方面危害中共领导的边区民主政权和军队的发展。这既违背了国共两党团结抗战的原则，也严重危害了边区的政治稳定以及社会经济的发展，影响了抗战大局。

1940年2月，陕甘宁边区主席林伯渠、八路军留守兵团司令员萧劲光多次致电国民党最高当局和国民党西安行营主任程潜，要求惩办作恶多端的国民党专员何绍南，将国民党所有委任在各县的县长全部自动撤走。随后，中共中央和边区政府采取措施，把那些专事"磨擦"的国民党委派的地方官员驱逐出边区。与此同时，委任新的县长。至此，边区境内存在的双重政权局面宣告结束，边区行政管理得到完全统一，政令完全统一，保证了边区的政治稳定，促进边区社会经济及文化教育的发展。

国民党五届五中全会

抗日战争时期，武汉失守以后，国民党集团虽然继续抗战，但是表现出很大的动摇，反共投降倾向日益滋长。1939年1月21日至1月30日，国民党在重庆召开五届五中全会，会议的中心议题是：抗战和反共。蒋介石在会上做了《唤醒党魂、发扬党德与巩固党基》的报告。

会议据此制定了"溶共、防共、限共、反共"的方针，并决定设立"防

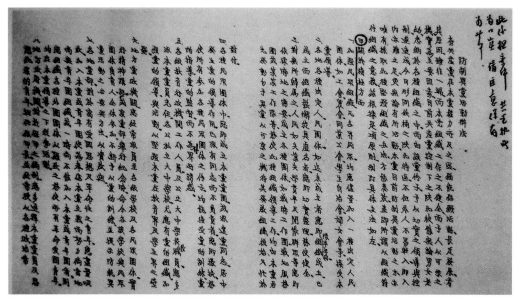

《防制异党活动办法》

共委员会"。1939 年 4 月,制定了《防制异党活动办法》,规定在国民党权力所辖之地严格限制共产党和一切进步分子的言论和行动。决定设立党政军一元化的国防最高委员会,由蒋介石任委员长。这次会议标志着国民党政策重点由对外转向对内,国民党开始执行一条消极抗日、积极反共的路线。国民党五届五中全会不久,摩擦事件日益增多,国民党顽固派发动了抗战以来的第一次反共高潮。

反击国民党顽固派对陕甘宁边区的摩擦

反击国民党顽固派对陕甘宁边区的摩擦，是全国抗战时期，中国共产党领导陕甘宁边区军民，采取武装斗争与政治斗争相结合的方式，反击国民党顽固派的政治破坏、经济封锁和军事侵犯的斗争。

从1939年冬至1943年夏，国民党顽固派先后掀起三次反共高潮。图为延安各界群众三万多人集会，抗议国民党顽固派进行反共活动

晋察冀抗日根据地军民游行示威，抗议国民党当局的反共分裂活动

　　抗战进入相持阶段后，随着正面战场压力的减轻，国民党防共、限制共产党的活动开始抬头。国民党顽固派在"消极抗日，积极反共"政策的指导下，置中华民族利益于不顾，在政治上、军事上开始了反共摩擦活动。对陕甘宁边区进行了严密的军事包围和经济封锁，还直接派兵侵占了边区的 5 座县城。1939 年冬至 1940 年春，国民党军队先后发动两次反共高潮，并在华北、华中进攻中国共产党领导的军队和根据地。

中国共产党坚持统一战线中的独立自主原则，与国民党顽固派展开了"有理、有利、有节"的斗争，采取军事上加强严守自卫、政治上坚决反击的方针，反击顽固派的反共摩擦。中共坚持自卫原则，被迫反击，坚决打退了国民党顽固派的军事进攻。1943年5月共产国际解散后，国民党开动宣传机器，鼓噪"取消中共""取消边区"的反共言论，6月，国民党顽固派制定了"闪击"陕甘宁边区的计划，并决定7月10日开始攻击。中共中央果断决策，通过报纸发文、电台广播等公开方式，公开了国民党军进攻陕甘边区的部署。同时，中央紧急动员，准备军事力量粉碎国民党可能的进攻。蒋介石被迫放弃了进攻延安和陕甘宁边区的计划，其策动的第三次反共高潮，在尚未发展的大规模军事进攻前就被迫停止。中共中央的斗争策略，维护了第二次国共合作的正常进行，坚持、扩大和巩固抗日民族统一战线，维护了陕甘宁边区的安全。

延安民主宪政运动

  延安民主宪政运动，是全国抗战时期，中共中央在陕甘宁边区发起成立多层次宪政促进会，召开宪政座谈会，促进真正实施宪政的政治实践。在全国人民争取民主以期宪政早日实现斗争的压力下，国民党中央分别于 1939 年和 1943 年两次作出实施宪政的决议。对此，中国共产党表示坚决拥护，积极响应。毛泽东就宪政问题做了专门论述，提出了新民主主义宪政观。

  1940 年 2 月 20 日，中共中央发起成立了延安各界宪政促进会，

1939 年 1 月，中央妇委代表与出席陕甘宁边区参议会的女参议员合影

1942年10月，晋西北临时参议会成立，图为会场

号召全边区人民参加宪政促进会，广泛宣传宪政，积极建言献策。继延安各界宪政促进会之后，各宪政促进会分会，如延安商界宪政促进会、边区工人宪政促进会、延安医药界宪政促进会、延安少数民族宪政促进会等相继成立。

此外，一些地方如庆阳、宜君、志丹等县及下面的镇也成立了宪政促进会。宪政促进会分会和基层宪政促进会的成立，进一步扩大了边区的宪政运动，使之广泛多层地开展起来。同时，延安各界宪政促进会、各机关学校、各促进会分会纷纷举行宪政座谈会，研讨和宣传宪政，以促进宪政的实现。

1944年3月1日，中共中央给各中央局、中央分局并各区党委发出《关于宪政问题的指示》，决定共产党参加宪政运动，以期吸引一切可能的民主分子于自己周围，达到战胜日本与建立民主国家之目的。陕甘宁边区和其他抗日根据地"厉行民主真行宪"，成功地实践了新民主主义宪政。延安时期的宪政理论和宪政运动是中国宪政史的重要篇章。

皖南事变

　　皖南事变，是抗战期间，国民党顽固派对新四军军部所发动的一次突然袭击，是国民党第二次反共高潮的顶点。

　　抗战进入相持阶段后，国民党顽固派加紧制造反共摩擦活动。1940年10月19日，蒋介石指使国民党政府军事委员会致电八路军朱德、彭德怀和新四军叶挺、项英，强令将在黄河以南的八路军、新四军于1个月内开赴黄河以北。11月9日，中共中央以朱德名义发出"佳电"，驳斥了国民党的诬蔑。为了顾全抗战大局，同意将皖南新四军撤至长江以北。

皖南事变中突围出来的新四军一部

皖南事变中突围出来的新四军一部

　　1941年1月，新四军军部和直属部队9000多人，奉命北移。1月6日，当部队到达皖南泾县茂林地区时，遭到国民党7个师约8万人的突袭。新四军英勇抗击，激战7昼夜，除2000人突围外，大部壮烈牺牲或被俘。军长叶挺被扣押，副军长项英、参谋长周子昆突围后遇难，政治部主任袁国平牺牲。1月17日，蒋介石反诬新四军"叛变"，宣布取消新四军番号。这就是震惊中外的皖南事变。中共中央和中央军委在1月18日立即揭露国民党破坏抗战，进行反共的罪恶。20日发布重建新四军的命令，任命陈毅为代军长，刘少奇为政治委员，重整新四军，使新四军很快发展到9万人。1941年2月，蒋介石公开表示"以后再亦决无剿共的军事"①。至1941年3月，第二次反共高潮被打退。

---

① 中共中央党史研究室.中国共产党历史：第一卷（下册）[M].中共党史出版社，2011：729.

1942 年 11 月 21 日，身陷囹圄的叶挺军长在中美合作所渣滓洞监狱写下的《囚歌》手稿，由夫人李秀文带出集中营，经郭沫若转交中共中央

国民党顽固派对陕甘宁边区的封锁

抗日战争进入相持阶段后，国民党顽固派不断制造反共摩擦，对陕甘宁边区实行军事挑衅和经济封锁，陕甘宁边区面临着严峻的形势。

政治上，国民党继续高唱"一个党""一个主义""一个领袖"的调子，试图取消共产党及其领导的抗日根据地。

军事上，对边区实行军事封锁。以国民党正规军为主，各省地方团队为辅，在边区周围构筑了5道军事封锁线。每道封锁线由一个接一个碉堡群组成，沿封锁线各交通要道，设置盘查站，严密盘查出入边区人员。

国民党军队封锁边区的碉堡

国民党阻止爱国青年去延安的关卡之一——咸阳桥

和这些封锁线相呼应的是包围边区的军队，1941年，包围边区的军队约有40万之众。其中装备精良的胡宗南部有30万人马，分布在边区周围的同心、固原、镇原、西峰、宁县、正宁、旬邑、淳化、三原、耀县、宜君、洛川、宜川等县。马鸿逵的军队在灵武、惠安堡、豫旺等地。邓宝珊的部队驻在榆林一带。三支部队形成了对陕甘宁边区的军事包围。

经济上，国民党政府加紧了对边区的经济封锁，沿边区设立盘查站，负责检查进出边区的各种物资。军用品，主要日用品如棉花、棉纱、布匹等，医疗器械和药物等三类物资不得进入边区。除了实施封锁外，边区周围的国民党地方政府还实行贸易统制政策，设立百货登记管理局，专管棉花、布匹、洋纱、洋火等运销的登记管理。同时，限制边区食盐外运，在边区附近地区组织了边币的法币兑换的黑市，破坏边区的财政和贸易。由于国民党顽固派对陕甘宁边区一度的封锁，边区一度面临着巨大的政治、军事和经济压力。

精兵简政的实施

　　精兵简政，是中国共产党在抗日战争时期，为了战胜日本侵略者的
进攻和国民党顽固派的封锁，准备反攻，克服抗日根据地的物质困难，
在抗日根据地实行的精简人员、简化机构的重要政策。

领衔提出"精兵简政"提案的民主人士李鼎铭先生（前排左三）在1941年11月召开的陕甘宁边区第
二届参议会上被选为边区政府副主席

1942年5月4日《解放日报》发表的陕甘宁边区政府贯彻精兵简政的报道

抗日战争进入相持阶段后，日军疯狂扫荡各抗日根据地，国民党也加强对抗日根据地的封锁，导致抗日根据地财政收入锐减；部队、机关的发展和脱产人员增加，也加大了边区经济的负担，抗日根据地经济陷入严重困难境地。针对抗日根据地日渐缩小与庞大的军政机构之间的尖锐矛盾，1941年11月，陕甘宁边区参议会第二届一次会议上，时任边区政府副主席李鼎铭提出了提案：精兵简政，即在军事上精简数量，提高战斗力；在政权上简化机构，提高效能。

会议结束后，党中央发出了《为实行精兵简政给各县的指示信》，要求切实整顿各级组织机构，精简机关，充实连队，加强基层，提高效能，节约人力物力。随后两年多时间中，陕甘宁边区进行了三次整编精简。

1941年12月中旬至1942年4月的第一次精兵简政的重点是缩编人员，裁并机构，共裁减掉各种机构百余处，政府系统缩减工作人员千人以上，取得初步成绩。

1942年5月至9月的第二次精兵简政，建立了边区政府工作制度，实行合署办公，加强了县级政府权力，健全了区、乡级政府组织，政务与事务适当分工，强化了政府职能。

1942年9月至1944年初的第三次精兵简政，颁布了《陕甘宁边区简政实施纲要》等一系列规定，明确了边区简政的原则和措施。经过贯彻执行，推动边区政府内部机构、直属机关、工作人员以及各专员公署和县级政府的内部机构都得到精简，实现了业务精简、机构精简、人员精简。

经过三次精兵简政，陕甘宁边区建立了精干、灵活的党政军机构，提高了军队的战斗力，有效克服了机关主义、官僚主义和形式主义。精兵简政与大生产运动相结合，减轻了人民负担，对党和边区政府渡过难关，巩固抗日革命根据地，夺取抗日战争的最后胜利，创造了重要条件。

双拥运动

　　双拥运动，是"拥军优属，拥政爱民"运动的简称。抗日战争时期，在陕甘宁边区首先开展了"双拥运动"，后在各抗日民主根据地广泛开展，现在已经成为中国军民的一项光荣传统。

　　中共中央进驻延安以后，对密切军政关系、军民关系尤为重视。

1943 年 2 月，陕甘宁边区政府主席林伯渠慰问南泥湾驻军

在 1937 年、1939 年、1941 年制定的三个边区施政纲领中都有优待抗日军人家属的内容。1942 年 10 月至 1943 年 1 月，在中共中央西北局高级干部会议和陕甘宁边区部队军政干部会议上，军地领导在各自检查军政军民关系上存在的问题后，决定开展军队"拥护政府、爱护人民"和地方"拥护军队、优待抗日军人家属"的运动。

1943 年 1 月，陕甘宁边区政府发布了《关于拥护军队的决定》，

军民互拜

重新修订了《拥军公约》，使拥军优抗活动制度化；八路军留守兵团也于1943年1月25日发布了《关于拥护政府爱护人民的决定》和《拥政爱民公约》；并共同决定于1943年2月5日至3月5日在全边区开展拥军运动月、拥政爱民运动月。1943年春节前后，全边区党政机关和广大军民中掀起了"双拥"热潮，促进了军政军民团结。

毛泽东充分肯定了"双拥运动"，并要求各根据地在春节前后都要举行拥政爱民和拥军优属的大规模的群众运动。各根据地军民积极响应，掀起了双拥运动的高潮。双拥运动的开展，对于密切军政军民关系，加强军队建设，巩固和发展抗日根据地，夺取抗日战争最后胜利发挥了重要作用，也对新中国发展军政军民关系产生了深远的影响。

八路军战士帮助群众推碾子

解放区的大生产运动

大生产运动，指全国抗战期间中国共产党领导解放区军民，从陕甘宁边区首先开始并在其他解放区相继开展的一场开荒屯田和鼓励生产的群众运动，主要开展农业生产，兼办工业、手工业、运输业、畜牧业和商业。

通过这场以自给为目标的大规模生产自救运动，基本实现了经济自给自足。1941年和1942年，由于日本帝国主义的野蛮进攻、国民党顽固派的严密封锁、经济基础薄弱、自然灾害的侵袭、知识青年奔赴延安造成脱产人员增加等原因，这边财政经济面临着最困难的局面。

八路军总部机关生产突击队

八路军第三五九旅指战员在延安南泥湾开荒

延长炼油厂工人在工作

组织起来，耕一余一

荒芜的南泥湾变成陕北的好江南

　　为了克服困难，1942 年 12 月，毛泽东在西北局高级干部会提出了"发展经济，保障供给"的经济工作和财政工作的总方针，发出了"自己动手，丰衣足食"的号召。边区政府也确定了"生产第一，教育第二"的工作方针，指示各级政府抓住生产和教育两个环节。1942 年，中国共产党领导根据地军民开展了大生产运动。各级领导干部坚持与人民群众一起艰苦奋斗，毛泽东、朱德、周恩来等都亲自参加生产。党政机关、军队、学校普遍参加生产运动，逐步达到粮食、经费自给、半自给或部分自给。

　　同时，实行公私兼顾，军民兼顾，组织劳动互助，发展经济，以改善生活和保障供给。八路军第三五九旅发扬艰苦奋斗的精神，将荒无人烟的南泥湾改造成为"陕北江南"，成为"发展经济的前锋"。为了进一步推动农业发展，中共中央制定了减租减息、增开荒地、推广植棉、不误农时、调剂劳动力、增加农贷、提高技术和实行累进税制等八项政策，边区军民响应中共中央和毛泽东关于"组织起来"的号召，积极投入到大生产运动中。

1943年以后，边区农业、工业、手工业、畜牧业、运输业等都得到迅速发展，大生产运动进入了一个新的阶段。陕甘宁边区政府还厉行精兵简政，以减轻人民负担。根据地军民终于战胜了困难，农业生产和工商业都得到恢复和发展。

大生产运动为坚持抗战、争取胜利奠定了物质基础；为中国共产党领导经济建设积累了宝贵的经验，培养了一批经济建设领域的干部；培育了不怕困难、自力更生、艰苦奋斗的创业精神。

军民开荒生产

延安整风运动

    延安整风是中国共产党在 20 世纪 40 年代，为了深入总结历史经验教训，清算党内错误路线，实施"党的建设伟大工程"，教育全党学会运用理论与实际相结合的方法处理中国革命中的具体问题，在领导敌后抗战的同时，在以延安为中心的全党范围内开展的一场

整顿三风的二十二个文件

指战员开展整风学习

马克思主义教育运动。

延安整风分为四个阶段：准备阶段（1938.9—1941.5），高级干部整风阶段（1941.5—1942.2），全党普遍整风阶段（1942.2—1943.9），深入讨论党的历史问题阶段（1943.9—1945.4）。内容是反对主观主义以整顿学风、反对宗派主义以整顿党风、反对党八股以整顿文风。方针是"惩前毖后，治病救人""团结——批评——团结"。

延安整风运动是中国共产党在全党范围内开展的深刻的马克思主义的思想教育运动，也是破除把马克思主义教条化、把共产国际决议和苏联经验神圣化错误倾向的思想解放运动，使中共在毛泽东思想旗帜下达到了空前团结，为中国革命胜利奠定了坚实的思想基础。

延安整风运动不仅重新教育和训练了党内经过长期斗争保留下来的一批老干部，也教育和训练了抗战初期入党的大批新党员，是马克思主义政党建设史上的创举。运动培育形成的以解放思想、实事求是的精神，批评与自我批评的精神，坚持真理、修正错误为主要内容的延安整风精神，成为延安精神的重要组成部分。

陕甘宁晋绥联防军司令部的成立

　　陕甘宁晋绥联防军是抗日战争时期，在陕甘宁边区、晋西北革命根据地在政治、军事、经济上的联系日益紧密的形势下，中共中央军委为了加强保卫陕甘宁边区的力量，成立的统一陕甘宁和晋绥两个区域的军事指挥和军事建设、统一两个区域的财政经济建设、统一两个区域的党政军民关系的重要机构。

陕甘宁晋绥联防军骑兵

陕甘宁晋绥联防军司令员贺龙（左）和政治委员关向应

中央军委任命贺龙为陕甘宁晋绥联防军司令员，关向应为政治委员（关养病期间，由高岗代理），徐向前为副司令员兼参谋长。联防军司令部于 1942 年 6 月 10 日正式成立，主要任务是：八路军开赴抗日前线后，统一指挥晋西北与陕甘宁边区部队，打击日寇和国民党顽固派对边区的进攻，打击各种破坏分子的捣乱，以保证党中央和陕甘宁晋绥根据地的安全。

陕甘宁晋绥联防军隶属中共中央军委和中共中央西北局，下辖：八路军一二〇师、留守兵团、晋绥军区部队、三五八旅、陕甘宁边区保安部队、炮兵团。9 月，留守兵团司令部与联防军司令部合并，对外仍保留留守兵团司令部名称。

陕甘宁晋绥联防军的成立，对加强晋西北和陕甘宁两个区域的军事工作和人民武装建设的领导，组织和指挥地方部队开展游击战争，配合野战军作战，向野战主力部队输送武装力量，组织和动员群众支援战争，都发挥了极重要的作用。

中国共产党与国民党
关于建立民主联合政府的谈判

　　1944年5月至1945年2月间，为了争取抗日战争的最后胜利，实现中国的独立、民主、自由、进步，中国共产党坚持独立自主的原则，就建立民主联合政府的问题，与顽固坚持一党专政的国民党蒋介石集团展开了一系列尖锐复杂的谈判斗争。

1945年8月28日，毛泽东、朱德、周恩来在延安与张治中（右二）、赫尔利（左二）合影

1944 年 5 月起，周恩来、林伯渠、王若飞等代表中国共产党与蒋介石、张治中、王世杰等国民党代表在西安、重庆经过多轮谈判。1944 年 9 月，美国政府从其战后的战略利益出发，派赫尔利少将以美国总统私人代表的身份，与国共双方接触，参与协调国共关系。在谈判中，中国共产党始终坚持在全国实行民主政治、承认中国共产党及各爱国党派的合法地位、释放爱国政治犯、恢复新四军的番号、撤销对陕甘宁边区及各抗日根据地的封锁和包围等原则的基础上进行谈判。

　　1944 年 9 月，中共参政员林伯渠在国民参政会上做关于国共谈判的报告，揭露国民党政府在军队、政权与党等重大问题上，对共产党和解放区制造严重障碍，揭露了国民党坚持一党独裁的真相；正式提出废除国民党一党专政、召开各党派会议、成立民主联合政府的主张，得到民主党派、民主人士和社会各界的热烈响应。国民党统治区的民主运动由此朝着明确的政治目标发展，出现了新的高潮。但是，蒋介石和国民党当局公开坚持一党专政，反对召开各党派会议，反对成立民主联合政府，反对人民与民主；并企图吞并八路军、新四军。1945 年 2 月，由于国民党拒绝中共提出的召开党派会议的谈判先决条件，谈判难以为继。16 日周恩来等回到延安。5 月，国共会谈宣告停止。至此，抗战期间国共两党的最后一次谈判，无果而终。

　　中国共产党坚持独立自主的原则，顶住了来自美国、苏联等大国的压力，在原则问题上寸步不让，国共两党的谈判，无果而终。国共谈判虽然没有结果，但更加揭露和孤立了国民党顽固派，促进了大后方民主运动的发展。

爷台山反击战

爷台山反击战是 1945 年 7 月至 8 月，陕甘宁晋绥联防军反抗侵占关中地区爷台山等地国民党军并将之驱逐出境的战斗。爷台山位于陕甘宁边区的边界上，是陕甘宁边区西南之门户，守卫关中地区的重要屏障。

1945 年夏，国民党第一战区司令长官胡宗南诬陷驻守淳化的部

八路军参战部队向侵占爷台山主峰之敌发起冲锋

分国民党士兵投诚是陕甘宁边区策划，并以此为借口，奉命从灵宝、潼关等抗日前线，韩城、朝邑河防及西安、华阴等地调动6个师，部署在边区南线，企图夺取关中地区，威胁延安。7月21日开始，胡部以5个师进攻关中分区，3个师向淳化县的爷台山发起重点进攻。

爷台山烈士纪念亭

驻守爷台山地区的八路军留守兵团警备第 1 旅第 3 团和关中保安纵队赤水大队等部经过顽强抗击，予国民党军以重大杀伤后，于 27 日晚主动撤出爷台山及其以西的 41 个村庄。为收复爷台山等重要阵地，消灭进犯边区的国民党军，中共中央军委决定抽调部队向关中增援，并成立以张宗逊为司令员、习仲勋为政治委员的南线临时指挥部，统一指挥南线参战部队。8 月 8 日夜，部队向爷台山主阵地发起进攻，经一天激战，攻克孟虎源、熊家山两处阵地，其他敌军仍据险顽抗。9 日，第 358 旅第 8 团投入战斗，配合新编第 4 旅第 16 团再次发起进攻，经 4 小时激战，全歼国民党军 5 个连，毙俘连长以下 100 余人，收复爷台山及其以西的村庄。

参加爷台山反击战的部队向前沿阵地进发。

经过此次战斗，八路军收复了被敌占领的全部村庄，将国民党军驱逐出边区境外。国民党军企图控制爷台山进而夺取关中分区、威胁延安、全面进攻边区的阴谋破产。

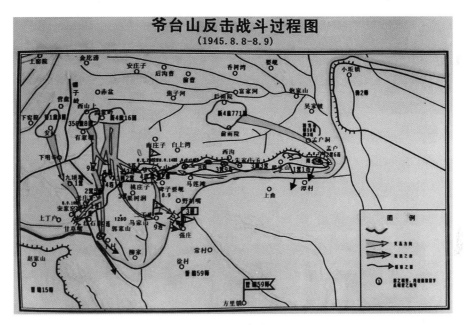

爷台山反击战斗过程图

庆祝抗日战争胜利

抗日战争胜利后，延安各界于 1945 年 9 月 5 日举行了"庆祝抗战胜利大会"，各地、各机关举行多种形式的晚会、发表文艺作品，庆祝抗日战争的伟大胜利。

1945 年 9 月 5 日，延安各界在南门外广场集会，举行庆祝抗战胜利大会

1945 年 8 月 15 日，日本宣布无条件投降。9 月 2 日，日本投降签字仪式在美国军舰"密苏里号"举行。至此，中国人民抗日战争胜利结束，世界反法西斯战争也胜利结束。8 月 15 日，延安军民得知日本投降的消息，全市轰动，大街小巷张灯结彩，贴满了五颜六色的庆祝胜利的标语。

当晚，东南北各区到处举行盛大的火炬游行，欢呼声此起彼伏。机关干部与群众组成的乐队、秧歌队、腰鼓队纷纷走上街头，尽情地欢呼、歌唱。9 月 5 日下午 2 时，延安各界两万余人在延安南门外广场集会，举行了"庆祝抗战胜利大会"。

陕甘宁边区政府秘书长曹力如宣布开会，选出朱德、刘少奇、林伯渠、高岗、李鼎铭、谭政、邢肇棠、刘少白、黄齐生、蔡畅、崔田夫、柯仲平、吴满有、王克温、马豫章、曹力如等十六人组成大会主席团。朱德总司令在热烈的掌声中首先发表讲话，强调抗日战争的胜利，是依靠全中国人民的努力、军队的英勇作战和同盟国的帮助下取得的。他号召全国人民团结起来，为坚持和平、民主、团结和建设新中国而奋斗。接着，陕甘宁边区政府主席林伯渠、延安大学校长吴玉章、教育家黄齐生、晋绥边区参议会副议长刘少白、劳动模范吴满有等先后讲话。《解放日报》发表艾青、萧三、萧军等讴歌抗日战争伟大胜利的诗篇，并发表题为《庆祝抗战最后胜利》的社论，歌颂抗日战争的伟大胜利，歌颂中国共产党的领导，歌颂八路军、新四军和人民军队在抗战中的卓著功勋，号召全国人民团结起来，把中国建设成为独立、自由、富强的新民主主义国家。

大会结束后，联政宣传队、边区文工团、鲁艺、延安市民等秧歌队进行街头宣传，入夜后，延安民众举行了火炬游行，民众剧团在大众剧院公演剧目，各地、各机关举行多种形式的晚会纪念抗日战争的伟大胜利。

重庆谈判

　　重庆谈判，是抗日战争胜利之际，中国共产党和中国国民党就中国未来的发展前途、建设大计在重庆进行的一次历史性会谈。抗日战争结束后，国内的阶级矛盾逐渐上升为社会的主要矛盾。

　　蒋介石集团在美国"扶蒋反共"对华政策的支持下，要把中国建成大地主大资产阶级专政的国家，中国共产党则主张把中国建成一个独立、民主、统一、富强的新民主主义国家。

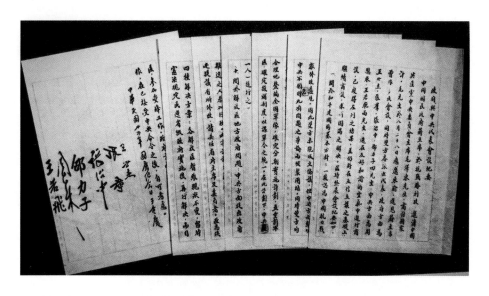

1945年10月10日，国共双方代表签订的《政府与中共代表会谈纪要》（《双十协定》）

重庆谈判期间毛泽东与蒋介石合影

1945 年 10 月 11 日，延安军民在机场迎候毛泽东胜利归来

　　由于美、苏两国希望国共两党举行和平谈判，停止内战的态度日益明朗，加之国民党企图用"和平"手段，拖延时间准备内战，蒋介石以国民政府主席的名义三次致电邀请中共中央主席毛泽东到重庆举行和平谈判。为了争取国内和平，实现和平、民主的建国目标，8 月 28 日，中国共产党代表团毛泽东、周恩来、王若飞在国民政府代表张治中和美国驻华大使赫尔利的陪同下，从延安飞抵重庆，进行谈判。

　　中国共产党提出了关于避免内战和实现人民民主权利的明确方针和具体办法，并为此作了必要的让步。而国民党，妄图在"统一军令"和"统一政令"的借口下，根本取消中国共产党领导的人民军队和解放区。因此双方无法在军队和解放区这两个核心问题上达成协议。

　　经过 43 天的艰苦谈判，1945 年 10 月 10 日，国共双方代表签订《政府与中共代表会谈纪要》，即《双十协定》，并公开发表。国民党政府

签订《双十协定》的张治中公馆桂园客厅

接受中共提出的和平建国的基本方针。双方协议"必须共同努力，以和平、民主、团结、统一为基础"，"长期合作，坚决避免内战，建设独立、自由和富强的新中国"。双方还确定结束国民党的"训政"，召开政治协商会议，共商和平建国大计。此外，谈判还达成迅速实现政治民主化；党派平等合法；释放政治犯等协议。1945年10月11日，毛泽东返回延安。周恩来、王若飞留在重庆继续谈判。重庆谈判及达成的《双十协定》给中国人民带来了和平、民主、团结的希望和曙光。虽然国民党统治集团违背人民要求休养生息、和平建国的意愿，在1946年6月底全面撕毁《双十协定》，但其在全国人民面前输了理，政治上陷入被动。重庆谈判使中国共产党和平建设新中国的政治主张被全国人民所了解，有力地推动了国民党统治区的民主运动。

政治协商会议的召开

　　政治协商会议，指的是 1946 年中国国民党、中国共产党以及各民主党派（民盟、青年党等）为抗战后的和平建国大业在重庆召开的协商会议。

　　为了与 1949 年后召开的中国人民政治协商会议相区别，此次政治协商会议史称"旧政协"。根据重庆谈判召开政治协商会议的协定，

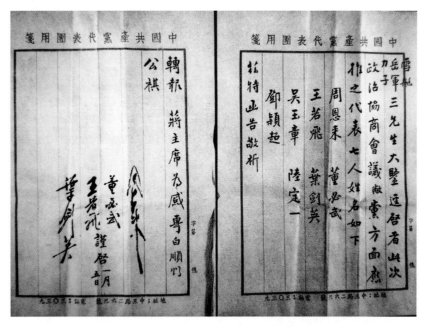

1946 年 1 月 6 日，中共代表致函国民党方面告知参加政治协商会议的代表名单

中共代表周恩来在政协会议上讲话

　　1946 年 1 月 10 日政治协商会议在重庆召开，参加者有国民党代表 8 人，共产党代表 7 人，民主同盟代表 9 人，青年党代表 5 人，无党派人士 9 人，共 38 人。中国国民党和中国共产党两支主要政治力量围绕着中国的前途和未来，在政治上和军事上展开了激烈较量，终于通过了政府组织、国民大会、施政纲领、军事、宪法草案等五项协议。1 月 31 日，政治协商会议闭幕。会议结束后，中国共产党严格遵守和履行协议，把宣传和实现政协会议的决议作为自己的一项重要任务。

　　这次会议一致通过的政协协议虽然不同于共产党所主张的新民主主义纲领，但对国民党的一党专政、个人独裁的政治制度和反人民的内战政策，具有明显的限制作用，基本上符合全国人民的和平愿望。时隔不久，蒋介石就悍然撕毁停战协定和政协协议，发动了全面内战。背离人民的根本利益，也把自己置于人民的对立面。1946 年 11 月 15 日，蒋介石在南京单方面召开了"国民大会"，政协解体。

制定"向北发展，向南防御"战略方针

"向北发展，向南防御"战略方针，是在抗战胜利后，为形成一个巩固的战略后方，粉碎国民党反动派的进攻，中国共产党根据当时形势和东北地区的战略重要性，做出的重要的战略决策。1945年9月19日，刘少奇为中共中央起草了致各中央局的《目前任务和战略部署》的指示电，提出"向北发展，向南防御"的战略方针，指出目前全党全军的主要任务是打击和阻止国民党军北进，继续大力消灭日伪军，完全控制热河、察哈尔两省，发展和控制东北。

1945年9月19日，刘少奇为中共中央起草指示电，提出"向北发展，向南防御"的战略方针

为了贯彻这一方针，中央决定派遣大批干部和部队到东北工作，着手发动群众，剿匪反霸，减租减息，分配土地，发展人民武装，建立民主政权，开展生产运动。这一重要的战略决策有力地支援了重庆的谈判斗争，对缩短战线，集中兵力，发展和巩固东北、华北、华中各解放区起了重要作用，形成了反击国民党军事进攻的有利战略态势，为夺取解放战争在全国的胜利打下了坚实的基础。

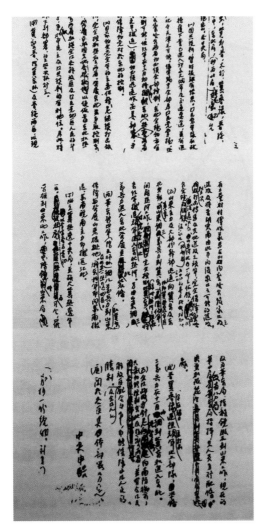

刘少奇代中央起草的党内指示电

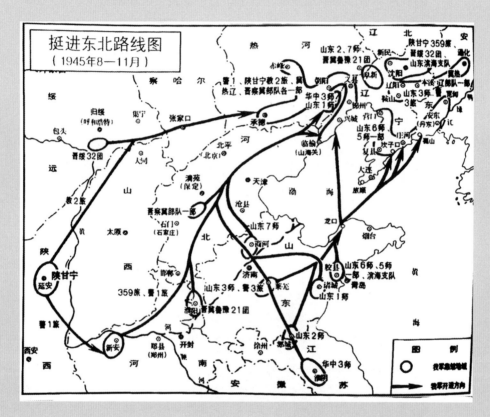

我军挺进东北路线图（1945 年 8 月—11 月）

新四军第三师经冀东冷口出关，向东北开进

绥远部队冒着风雪跨越长城东进

中共中央转战陕北

　　中共中央转战陕北，是解放战争时期，中共中央领导西北野战军，采取"蘑菇战术"诱敌深入，集中优势兵力各个歼敌，粉碎国民党军队对陕甘宁边区延安发动的重点进攻的重要战略决策。

　　1947年3月，国民党军队对陕甘宁边区和山东解放区实行重点进攻。1947年3月18日傍晚，毛泽东、周恩来等率中共中央和人民解放军总部撤离延安，转战陕北。毛泽东、周恩来、任弼时等直

毛泽东在转战陕北途中

西北野战兵团司令员兼政委彭德怀（左二）、副政委习仲勋（左三）在青化砭前线

接指挥着由彭德怀所率领的西北野战军，坚持以灵活机动的战略战术打击国民党军，先后进行了延安以南阻击战与青化砭、羊马河、蟠龙、陇东、沙家店、延清、宜瓦等数次战役，累计歼敌约10万人。毛泽东、周恩来、任弼时等率领中央前敌委员会等机关，依靠陕北优越的群众条件和有利地形，与敌几十万军队在陕北高原巧妙周旋，不断地调动敌人，使其始终无法准确获知中共中央的具体位置，一次次挫败敌人的合围企图，使国民党军屡遭沉重打击。

其间，中共中央经过延安和榆林的延川、清涧、子长、子洲、靖边、安塞、横山、绥德、米脂、佳县、吴堡 12 个县，途中曾在徐家沟、王家坪、王家湾、枣林沟、天赐湾、小河村、巡检司、青阳岔、李家崖、神泉堡、阎家峁、乌龙堡、申家崄、朱官寨、杨家沟等 38 个村庄居住，行程 1000 余公里。

在对敌战争环境极其险恶的条件下，以毛泽东为首的党中央、中央军委坚持转战在陕北，运筹帷幄，制定了一系列方针、政策，及时、全面地指挥了西北和全国的解放战争。

中共中央和毛泽东留在陕北指挥全国解放战争的行动，极大地鼓舞了全国各解放区军民的斗争意志和胜利信心，影响着全国战争的发展趋势，是人民解放战争由战略防御转入全国规模的战略进攻的关键，在中国革命史上写下了光辉的一页。

周恩来在转战陕北期间使用的木箱，上面写有他当时的化名"胡必成"

解放区土改运动

　　解放区土改运动，是解放战争时期中国共产党领导解放区人民，废除封建土地制度，实行农民个体所有的土地制度的一场深刻的社会革命。

　　解放战争时期，国内矛盾已上升为主要矛盾，农民群众迫切要

刘少奇在全国土地会议上做报告

向农民广泛宣传《中国土地法大纲》

求消灭封建剥削制度，1946 年 5 月，中共中央发出《关于清算、减租及土地问题的指示》（史称"五四指示"），决定将党在抗日战争时期实行的减租减息政策改变为实现"耕者有其田"的政策。各解放区根据党中央这一指示，迅速展开了土地改革运动。

到 1947 年下半年，解放区 2/3 的地区基本上解决了农民的土地问题。在人民解放军转入战略进攻之后，为了维护广大农民的利益、进一步激发他们支援解放战争的积极性，1947 年 7 月至 9 月，中国共产党在河北省平山县召开全国土地会议，制定和通过了《中国土地法大纲》，明确规定"废除封建性及半封建性剥削的土地制度，

老贫农分到土地后喜气洋洋

实现耕者有其田的土地制度"。

　　全国土地会议以后，解放区广大农村迅速掀起土地制度改革（习惯称"土改"）运动的热潮。尽管在土改运动广泛发动之后，一度发生过侵犯部分中农利益、侵犯某些民族工商业等的"左"的错误，但中共中央一经发现，便立即采取坚决的措施加以纠正，使运动迅速走上健康发展的轨道。经过土地改革运动，到1948年秋，1亿人口的解放区消灭了封建生产关系。广大农民分得土地并在政治上获得翻身以后，其政治觉悟和组织程度空前提高，农村生产力得到解放，工农联盟进一步巩固和加强。

延安光复

延安光复是解放战争时期，西北野战军在经过一年多的艰苦斗争后，打败国民党胡宗南部，取得了收复延安城的重大胜利。

1947 年 3 月，国民党军队对陕甘宁边区和山东解放区实行重点进攻。在陕北，胡宗南投入 25 万军队，向中共中央所在地延安发动进攻。1947 年 3 月中旬，西北野战军在成功地掩护了中共中央机关安全撤离延安并给进攻的国民党军队以重创后，于 3 月 19 日主动撤出延安，转战陕北。

在一年多的时间里，西北野战军和地方部队先后取得了青化砭、羊马河、蟠龙、榆林、沙家店战役的胜利，彻底粉碎了国民党对陕甘宁边区的重点进攻，接着又取得了关庄、岔口、黄龙、延清、宜瓦等战役的胜利，西北野战军由内线反攻转入外线进攻，实现了历史性的转折。

1948 年 4 月，西北野战军为了牵动延安、洛川国民党军胡宗南部南下，发动了西府陇东战役。4 月 21 日，在西北野战军向西府进军的强大攻势下，胡宗南部驻延安守军及党、政、军、特机关人员弃城南逃。22 日，被国民党军队占据一年一个月零三天的延安宣告光复，中共延安地委，延安市委、市政府回延安办公。5 月 11 日，陕甘宁边区政府机关重新迁回延安城。

1948年4月21日，西北野战军光复延安城

中共中央东渡黄河离开陕北

1948年3月，在西北野战军已转入外线作战，中共中央坚持转战陕北的任务已胜利完成后，为了更好地指导全国人民解放战争，创建新中国，中共中央前委决定转移到华北解放区的决策。

3月23日上午，毛泽东、周恩来、任弼时等中共中央前委负责

1948年3月23日，毛泽东在吴堡县川口渡口东渡黄河，前往华北解放区

为毛泽东过黄河摆渡的老船工薛海玉

人率领中央纵队来到吴堡县川口渡口，登上渡船，平安抵达黄河东岸的高家塔村。告别曾经战斗和生活了 13 个春秋的陕甘宁解放区，回望陕北群山，毛泽东深情地说："陕北是个好地方。"3 月 25 日，毛泽东等抵达晋绥解放区首府兴县，然后转赴河北平山县西柏坡村。

　　党中央在陕北的 13 年光辉历程中，中共中央领导中国人民自力更生，艰苦奋斗，取得了抗日战争和解放战争的胜利；确立毛泽东在全党的领袖地位，形成了以毛泽东为核心的第一代中央领导集体；推进了马克思主义中国化，实现了马克思主义与中国实际相结合的第一次重大飞跃；推进党的建设伟大工程；全面进行新民主主义政治、经济、文化建设，为新中国的发展积累了执政为民的基本经验。

延安精神

    延安精神是在新民主主义革命时期，中国共产党人在延安形成的优良的传统和作风。主要内容包括：坚定正确的政治方向，解放思想、实事求是的思想路线，全心全意为人民服务的根本宗旨，自力更生、艰苦奋斗的创业精神。1935 年到 1948 年，中共中央和毛泽东在陕北经过了 13 年的艰苦斗争，领导和指挥了抗日战争和解放战争，实现了马克思列宁主义同中国实际相结合的第一次历史性飞跃，诞生了毛泽东思想，奠定了中华人民共和国的基石，也培育了永放光芒的延安精神。

    延安精神是以毛泽东同志为首的中国共产党人把马克思列宁主义的科学思想体系与中华民族的优秀传统风范结合的产物，是中国共产党在长期革命斗争中所形成的优良传统和作风的结晶，是建党精神、井冈山精神、长征精神的继承和发展。延安精神使饱经忧患、备受艰苦的中国人民看到了光明、未来和希望，是共产党人团结奋斗、战胜各种困难的强大的思想动力和坚强的精神支柱，哺育出了革命和建设所需要的一代共产主义新人。延安精神不仅是党取得革命、建设和改革胜利的巨大精神力量，在新的历史时期，弘扬延安精神对加强党的建设、实现民族复兴具有重要的指导和借鉴作用。

毛泽东给八路军第一二〇师干部做报告

中共中央委员会凤凰山麓旧址

　　中共中央凤凰山旧址，位于延安市宝塔区凤凰山麓，是中共中央机关进驻延安后的第一个驻地，是延安革命旧址的重要组成部分。旧址内有毛泽东、朱德、周恩来的旧居，红军总参谋部、中组部、中央机要科等旧址。现为全国重点文物保护单位，列入全国红色旅游经典景区名录。

　　凤凰山旧址在 1937 年 1 月 13 日至 1938 年 11 月 20 日之间，是中共中央所在地。中共中央机关在此驻扎期间，促成了国共两党第二次合作，并明确提出了全面抗战的路线和持久战的方针，推动了全面抗战的历史进程。

　　在此居住期间，毛泽东写下了《实践论》《矛盾论》《论持久战》《反对自由主义》等光辉著作，还会见了白求恩、卫立煌等中外人士。1938 年 11 月 20 日，日本飞机轰炸延安，当晚，中共中央及毛泽东等领导同志移驻延安城西北的杨家岭。

凤凰山麓毛泽东旧居

中共中央委员会杨家岭旧址

中共中央杨家岭旧址，位于延安城西北 2 公里处，1938 年 11 月至 1947 年 3 月，中共中央机关和毛泽东等中央领导在此居住办公，当时是中共中央机关的所在地，也是毛泽东等中央领导同志在延安居住时间最长的驻地。

旧址内有毛泽东、朱德、周恩来、刘少奇等领导同志旧居、中共中央七大会址、延安文艺座谈会会址。现为全国重点文物保护单位，列入全国红色旅游经典景区名录。

1938 年 11 月 20 日，日本飞机轰炸延安城，中共中央机关从城区凤凰山麓迁驻城外的杨家岭。党中央在此驻扎期间，领导大生产运动和整风运动；召开了延安文艺座谈会和中国共产党第七次全国代表大会，领导中国人民取得抗日战争的最后胜利，为夺取全国解放战争的胜利制定了正确的政治路线。

1943 年，毛泽东及中央书记处迁往枣园，中央其他部门仍留驻这里，直到 1947 年 3 月撤离延安。毛泽东在此居住期间，写下了《五四运动》《青年运动的方向》《被敌人反对是好事而不是坏事》《共产党人发刊词》《纪念白求恩》《中国革命和中国共产党》《新民主主义论》《抗日根据地的政权问题》《目前抗日统一战线中的策略问题》《农村调查的序言和跋》《改造我们的学习》《整顿党的作风》《反对党八股》《经济问题与财政问题》等光辉著作。收入《毛泽东选集》的有 40 篇。"一切反动派都是纸老虎"的著名论断也是在此做出的。

杨家岭中央大礼堂

中共中央书记处枣园旧址

　　中共中央书记处枣园旧址，位于延安城西北 8 公里处，1944 年至 1947 年 3 月是中共中央书记处所在地。枣园旧址是一个园林式的革命纪念地，景色秀丽，环境清幽，"幸福渠"横穿园林而过，园林中坐落着中央书记处礼堂，毛泽东、朱德、周恩来、刘少奇、任弼时、张闻天、彭德怀等中央领导的旧居。枣园后沟有《为人民服务》讲话台和中央社会部旧址。现为全国重点文物保护单位，列

枣园书记处小礼堂

入全国红色旅游经典景区名录。

1944 年至 1947 年 3 月，中共中央书记处迁驻此地，其间，中共中央继续领导全党开展了整风运动和解放区军民开展的大生产运动，筹备了中国共产党七大，领导全国军民取得了抗日战争的最后胜利，抗战胜利后，领导全国人民同国民党反动派进行了针锋相对的斗争，为粉碎国民党发动的全面内战做了充分的准备。

1947 年 3 月，中共中央书记处离开枣园。毛泽东在枣园居住期间，写下了《关于领导方法的若干问题》《开展根据地的减租、生产和拥政爱民运动》《评国民党十一中全会和三届三次国民参政会》《组织起来》《两三年内完成学习经济工作》《学习和时局》《评蒋介石在双十节的演说》《文化工作中的统一战线》《论联合政府》《抗日战争胜利后的时局和我们的方针》《对日寇的最后一战》《关于重庆谈判》《建立巩固的东北根据地》等许多指导中国革命的重要文章，仅收入《毛泽东选集》的就有 28 篇。

中央军委、八路军总部王家坪旧址

　　王家坪革命旧址位于延安城西北，隔延河与城区相望，1937年1月13日，中央军委机关随中共中央进驻延安后即驻王家坪。1937年8月，中国工农红军主力改编为国民革命军第八路军，八路军总部驻王家坪。

王家坪中央军委大礼堂

王家坪旧址现保存有毛泽东、朱德、彭德怀、叶剑英、王稼祥旧居，军委礼堂、军委会议室、桃林公园等旧址。现为全国重点文物保护单位，列入全国红色旅游经典景区名录。在此驻扎期间，中央军委和八路军总部机关在中共中央的领导下，领导了军队的整风运动和大生产运动；领导根据地军民坚持抗战，成为全民族抗战的中流砥柱，取得抗日战争的伟大胜利；日寇投降后，又粉碎了国民党反动派的全面进攻；指挥了保卫延安的战斗。

1947 年 3 月 18 日，毛泽东、周恩来率部撤离王家坪，转战陕北。毛泽东旧居前有一石桌，是毛泽东送长子毛岸英到农村劳动时谈话的地方。在这里，毛泽东先后写了《关于目前国际形势的几点估计》《以自卫战争粉碎蒋介石的进攻》《集中优势兵力，各个歼灭敌人》等著作，收入《毛泽东选集》的有 8 篇。

陕甘宁边区政府旧址

　　陕甘宁边区政府旧址，位于延安市南关，1939年2月至1949年6月，陕甘宁边区政府在此驻守办公，是全国重点文物保护单位，列入全国红色旅游经典景区名录。

　　1937年9月，陕甘宁边区政府成立后在延安城内南门坡棉土沟办公，1939年2月搬迁至此处。至1949年6月，除转战陕北一年外，陕甘宁边区政府一直驻守办公。延安光复后，边区政府迁回。1949年6月，西安解放，边区政府迁驻西安新城办公。边区政府在中共中央的直接领导下，在政权建设中实行的"三三制"原则，是中国共产党在统一战线政权建设中的一个创造；贯彻执行了中共中央提出的"五一施政纲领"领导陕甘宁边区人民进行了政权、经济和文化建设；开展了大生产运动，有力地支援了抗日战争和人民解放战争，成为抗日民主的模范区，为保卫和发展陕甘宁边区及整个西北解放区做出了伟大的贡献。1950年1月，陕甘宁边区政府撤销。

陕甘宁边区政府旧址

中共中央西北局旧址

中共中央西北局旧址，位于延安南川花石砭半山腰，是中共中央西北局1942年9月至1947年3月的办公地。旧址分上下两院，有西北局的主要办公室、图书室1座、礼堂1座。现为全国重点文物保护单位，列入全国红色旅游经典景区名录。

中共中央西北局旧址

1941 年 5 月 13 日，中共中央西北局成立，驻张崖村办公。1942 年 9 月，由张崖迁至延安城南花石砭。1942 年 10 月 19 日至 1943 年 1 月 14 日，西北局高级干部会议在西北局礼堂召开，会议以整风的形式开展了积极的思想斗争，比较彻底地解决了陕北地区党内历史的争论问题，使党的干部正确地把握了形势，明确了任务，掌握了正确的方针政策。中共中央西北局为贯彻党中央的路线、方针、政策，将陕甘宁边区建设成为模范的抗日民主根据地做出了巨大的贡献。

　　1947 年 3 月，西北局机关撤离延安，转战陕北。延安光复后，西北局迁回延安王家坪。西安解放后，西北局于 1949 年 6 月迁驻西安。

第二编　党的建设

抗战初期王明的右倾错误

　　1937 年 11 月 29 日，中共驻共产国际代表王明从莫斯科被派回国到达延安，以"帮助中国共产党中央委员会"。[①] 王明是共产国际执行委员会委员、主席团委员和候补书记。由于其盲从共产国际，缺乏对中国革命的实际了解和实际斗争经验，屡犯教条主义错误，

1937 年 12 月中共中央政治局会议与会者合影。前排居中为王明，后排右一为毛泽东

①　中国社会科学院近代史研究所翻译室 . 共产国际有关中国革命的文献资料：第三辑 [M]. 中国社会科学院出版社，1990：19.

且对中国革命缺乏辩证发展眼光，在中国抗日民族统一战线和处理国共两党关系等重要问题上犯有右倾错误。根据共产国际"一切服从统一战线"和"一切经过统一战线"的"新政策"，王明在1937年12月9日至14日召开的中共中央政治局会议（即十二月会议）上做了题为《如何继续全国抗战与争取抗战胜利呢？》的报告，重点对洛川会议以来中共中央在统一战线问题上的许多正确的观点和政策提出批评。王明以传达共产国际和斯大林指示的"钦差大臣"自居，使得许多与会者产生了盲目信赖。在1937年2月27日至3月1日召开的政治局会议（即三月会议）上，王明继续坚持右倾错误，完全脱离实际地提出全国抗日部队"统一指挥""统一编制""统一武装""统一纪律""统一待遇""统一作战计划"和"统一作战行动"等错误主张，给中国革命和发展带来了危害。全国抗战初期，

中央三月会议在延安凤凰山麓召开，出席会议的八名政治局委员合影
左起：张闻天、康生、周恩来、凯丰、王明、毛泽东、任弼时、张国焘

中共六届六中全会会址——延安桥儿沟教堂

王明右倾错误的主要表现可分为以下五个方面：一是在政治上，过分强调统一战线中的联合，影响独立自主原则的贯彻；二是在军事上，对党领导的游击战争的作用认识不足，对开展敌后根据地的斗争不重视，把工作重点放在大城市和同国民党上层的关系上；三是在组织上，不尊重、不服从以毛泽东为核心的中央领导；四是在群众运动上，强调以"合法"和"统一"为原则；五是在党派关系上，美化国民党，对国民党无原则迁就退让。毛泽东和张闻天、刘少奇对王明的错误进行了抵制，王明的错误主张没能形成会议决议。中央政治局派任弼时赴莫斯科，向共产国际说明中国实际和中共的政策，共产国际执委会主席团经过认真讨论，认为中国共产党的政治路线是正确的。共产国际领导人季米特洛夫对奉中央决定回国的王稼祥明确表示：中共在复杂的环境和困难的条件下，真正运用了马克思列宁主义；在中共中央领导机关中，要以毛泽东为核心解决统一领导问题。这为纠正抗战初期王明的右倾错误创造了有利条件。1938年9月29日至11月6日召开的中共六届六中全会，基本上克服了党内以王明为代表的右倾错误。

六届六中全会主席团成员合影，前排左二毛泽东，右一王明

张国焘叛逃事件

1938 年 4 月 4 日清明节，国共两党在中部县（今黄陵县）同祭中华民族始祖轩辕黄帝之陵。国民党方面派西安绥靖公署主任蒋鼎文，中共方面派陕甘宁边区政府副主席、代主席张国焘前往共同主

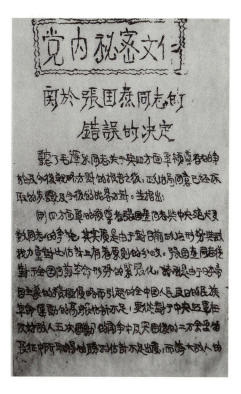

中共中央政治局在甘肃省迭部县俄界（今高吉）做出的《关于张国焘同志的错误的决定》

毛泽东和张国焘在延安

持仪式。张国焘曾出席中共一大，当选为中央局成员、分管组织。六届四中全会后被派到鄂豫皖革命根据地，任中央分局书记兼军事委员会主席，积极推行王明"左"倾教条主义错误，排除异己，在白雀园"肃反"中错误杀害包括原红一军军长在内的大批优秀干部，造成极为惨痛的损失。长征中与中央红军在懋功地区会师后，自恃枪多势众，公然向党争权；反对北上，率军南下，并公然另立"中央"，自任"主席"。不仅分裂党和红军，而且给红四方面军蒙受重大损失。1937年3月23日至31日，中央在延安召开政治局扩大会议（亦称延安会议），深入揭发批判了张国焘的严重错误。为了教育和挽救他，同年9月，仍选其担任陕甘宁边区政府副主席。由于林伯渠主席作为中共代表常驻西安八路军办事处，张国焘代理主席。张国焘不思悔改，于4月4日，乘参加黄帝陵祭祀之机，私自逃离，在国民党军政要人蒋鼎文及胡宗南的庇护下经西安到达武汉。中共中央为了挽救张国焘本人，立即电告当时驻武汉的中共中央长江局负责人周恩来、博古等，让他们寻找张国焘，促其觉悟，返回边区。后经周恩来等人做工作，张国焘才勉强搬到办事处居住。张国焘曾电告中共中央称："不辞而别，歉甚，愿在武汉做些工作。"4月16日，毛泽东同张闻天、康生、陈云、刘少奇发电报给中共中央长江局转张国焘，希望他幡然悔悟，早日归来。当天周恩来陪同张国焘见蒋介石，张向蒋表示"自己在外糊涂多年"。在外出返回办事处途中，乘周恩来与另一同行朋友谈话之际，张国焘抽身而逃。周恩来及办事处同志多方寻找，在武昌的一个寓所找到张国焘。4月17日，为了做到仁至义尽，周恩来等向张国焘提出三点办法：一、改正错误，回党工作（这是我们最希望的）；二、向党请假，暂时休息一段时期；三、自动声明脱离党，党宣布开除他的党籍。[①] 当时张国焘回答认为第一条不可能，可以在第二条和第三条中考虑。张国焘拒绝党对他的挽救，谈话后不到一小时，便逃离八路军办事处，并留信说："已决定采取第三条办法。"[②] 声明脱离共产党。1938年4月18日，中共中央作出了《关于开除张国焘党籍的决定》，并向全党公布。4月19日，中央发出《关于开除张国焘党籍的党内报告大纲》。大纲详尽地指出了张国焘脱党的经过和历史根源及对张国焘脱党的态度，要求全党从这一事件中吸取教训，进一步巩固党的团结和统一。4月29日，陕甘宁边区政府发布命令，撤销张国焘边区政府代主席等一切职务。

---

① 中共中央文献研究室：周恩来年传（1949—1976）（下）（修订本）[M]. 中央文献出版社，1998年版，第519页。

② 中共中央文献研究室：周恩来年传（1949—1976）（下）（修订本）[M]. 中央文献出版社，1998年版，第519—520页。

马克思主义中国化命题的提出

十月革命一声炮响，给中国送来了马克思列宁主义。马克思主义是科学的理论，创造性地揭示了人类社会发展规律，为中国人民点亮了前进的灯塔，但马克思主义是行动的指南而不是教条。马克思主义中国化这一命题，是中国共产党人在总结中国革命正反两方面历史经验的基础上，把马克思主义基本原理与中国革命具体实际相结合，并通过与把马克思主义教条化、把共产国际决议和苏联经验神圣化的错误倾向做斗争，同时积极吸收马克思主义学术研究成果的基础上提出的。1938 年 9 月 29 日至 11 月 6 日，中共六届六中全会在延安桥儿沟召开。10 月 14 日，毛泽东在《中国共产党在民族战争中的地位》一文《学习》这一小节中，第一次向全党提出了"马克思主义中国化"（新中国成立后编辑《毛泽东选集》时，毛泽东自己修改为"使马克思主义在中国具体化"[①]）的命题，系统地阐述了马克思主义中国化的思想："马克思主义的中国化，使之在其每一表现中带着中国的特性，即是说，按照中国的特点去运用它，成为全党亟待了解并亟须解决的问题。"经过延安整风运动，马克思主义中国化这一命题，成为全党的共识。以毛泽东为代表的

---

① 毛泽东选集：第二卷 [M].第 2 版.人民出版社，1991：534.[中共中央文献研究室、中央档案馆编.建党以来重要文献选编（1921—1949）第十五册 [M].中央文献出版社 2011 年版，第 651 页.]

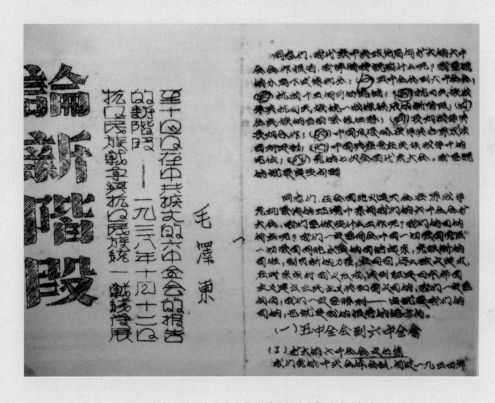

毛泽东在六届六中全会上做的《论新阶段》的政治报告

中国共产党人以反对本本主义、教条主义为思想先导，以实践论、矛盾论为哲学依据、从总结中国革命正反两方面的经验和教训为契机果断而又准确地提出了"马克思主义中国化"的科学命题，实现了马克思主义的基本原理与中国革命的具体实际相结合，创造性地开辟了具有中国特色的新民主主义革命道路，成功回答了"中国向何处去"的历史课题。中国共产党人在"守正"的基础上进行"创新"，用马克思主义真理的力量激活了中华民族历经几千年创造的伟大文明，使中华文明再次迸发出强大精神力量，从而实现了马克思主义中国化的第一次历史性飞跃。"马克思列宁主义的普遍真理一经和中国革命的具体实践相结合，就使中国革命的面目为之一新。"[1]

---

① 毛泽东选集：第三卷[M].第2版.人民出版社，1991：796.

毛泽东在中共领袖地位的确立

　　毛泽东在中国共产党内的核心领导地位，从遵义会议事实上确立到党的六届六中全会进一步巩固；从 1943 年 3 月政治局会议决定毛泽东为中央政治局主席和书记处主席，再到七大全党在毛泽东思想的基础上达到空前的团结，经历了长达十年的艰难曲折的斗争考验。遵义会议增选毛泽东为中央政治局常委，事实上确立了毛泽东在党中央和红军中的领导地位，开始确立了以毛泽东为主要代表的马克思主义正确路线在党中央的领导地位，开始形成以毛泽东为核心的第一代中央领导集体。在此期间，毛泽东以自己坚定的信念、

遵义会议会址

中国共产党第七次全国代表大会会场。主席台上方石拱上书写着七大的政治口号：
"在毛泽东的旗帜下胜利前进"

顽强的意志、卓越的军事指挥才能、非凡的理论创新成果、高超的
政治智慧和斗争艺术，最终赢得了全党的信任和共产国际的支持。
这是中国共产党经历了成功与失败、付出了血的代价后的正确选择；
既是中国革命发展的必然选择，也是毛泽东同志努力和奋斗的结果。
在毛泽东领导地位确立的过程中，党内其他领导人逐渐认识并认同
毛泽东正确的路线原则，成为在毛泽东领袖地位最终确立中不可或
缺的重要因素。1938 年 9 月 29 日至 11 月 6 日，在延安桥儿沟召
开的中共六届六中全会进一步确立了毛泽东在全党的领导地位，统
一了全党的思想和步调，推动了各项工作的迅速发展。毛泽东后来
在党的七大上说："六中全会是决定中国之命运的。"①

---

① 中共中央党史研究室.中国共产党的九十年：新民主主义革命时期 [M].中共党史出版社，
2016：204.

新民主主义理论体系的形成

　　新民主主义理论体系是以毛泽东为主要代表的中国共产党人，把马克思列宁主义同中国革命具体实践相结合，不断进行理论创新，形成的具有独创性的关于中国革命的理论，是马克思主义中国化的重大理论成果。新民主主义理论体系的主题是"什么是新民主主义革命，怎样进行新民主主义革命"，同时也回答了"什么是新民主主义社会，怎样建设新民主主义社会"的时代之问。毛泽东 1939 年 10 月发表的《〈共产党人〉发刊词》，提出统一战线、武装斗争、党的建设是中国共产党在中国革命中战胜敌人的三个主要法宝的思想；1939 年 12 月，毛泽东和他人合作撰写的《中国革命和中国共产党》，首次在党内创造性地提出了"新民主主义"的科学概念，第一次把中国的民主革命区分为旧民主主义革命和新民主主义革命，对中国革命的对象、任务、动力、性质、前途等重要问题进行了论述，明确提出了新民主主义革命的总路线。1940 年 1 月 9 日，毛泽东出席陕甘宁边区文化协会第一次代表大会，做题为《新民主主义的政治与新民主主义的文化》的长篇演讲。演讲稿经过修改、补充而成文，于 1 月 15 日完稿，2 月 15 日在延安出版的《中国文化》创刊号上发表，题为《新民主主义的政治与新民主主义的文化》。2 月 20 日出版的《解放》第九十八、九十九期合刊也刊载了这篇文章，题目改为《新民主主义论》，文内各部分加上了小标题。新中国成立后，《新民主

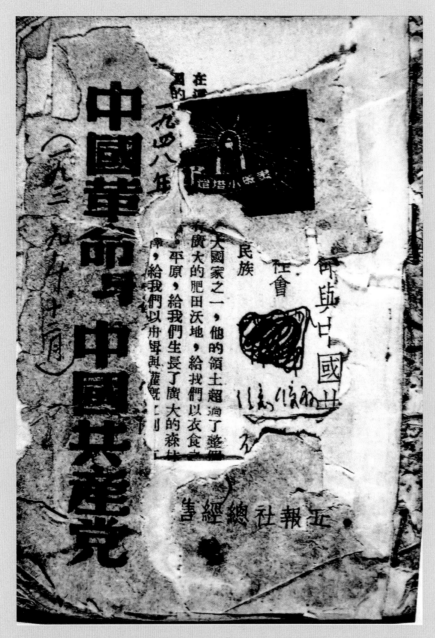

1939年12月出版的《中国革命与中国共产党》，首次在党内创造性地提出了"新民主主义"的科学概念

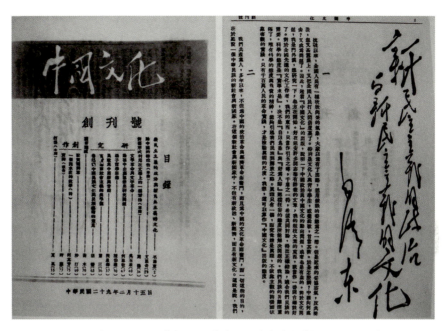

1940年2月15日在延安出版的《中国文化》创刊号上发表的《新民主主义的政治与新民主主义的文化》

主义论》编入《毛泽东选集》第二卷。《新民主主义论》全面系统地阐述了新民主主义的理论与纲领，分析了新民主主义的政治、经济、文化的内容与特点，标志着毛泽东思想从多方面展开而趋于成熟，是毛泽东思想的代表作，是马克思主义中国化的里程碑。它回答了"中国向何处去"的问题，从理论上回击了国民党顽固派对马克思主义和中国共产党的攻击。新民主主义理论从思想上武装了中国共产党人，不仅是被实践证明了的夺取新民主主义革命胜利的正确的指导思想，也为我国成功实现由新民主主义到社会主义的转变奠定了基础；很多内容对今天的社会主义建设仍有着重要的指导意义。

"五五"学习节

　　"五五"学习节是延安时期党中央为提高干部的理论水平和文化素养，用马克思诞辰日——5月5日设定的学习节日。全民族抗战爆发后，中国革命形势发展迅猛，革命力量有了很大发展，但党的

延安干部在学习

八路军战士在阅读学习材料

干部队伍的文化程度、政治水平和马列主义理论水平远不能适应客观形势的要求。党中央为了提高干部队伍素质，解决"本领恐慌"[①]，解决"克服自己理论工作的落后性"，把"普遍地深入地研究马克思列宁主义的理论"和"使马列主义在中国具体化"[②]当作全党亟待解决的问题。1939 年 2 月 17 日，中共中央专门成立了干部教育部，张闻天任部长。1940 年 1 月 3 日，党中央发出《关于干部学习的指示》，要求全党干部学习和研究马列主义的理论及其在中国的具体运用。1940 年 3 月 20 日，党中央再次做出《关于在职干部教育的指示》，对之前发出的《关于干部学习的指示》做了补充，号召党

---

① 中共中央文献研究室，中央档案馆.建党以来重要文献选编（一九二一——一九四九）：第十六册 [M].中央文献出版社，2011：318.

② 毛泽东选集：第二卷 [M].第 2 版.人民出版社，1991：533—534.

员和干部加强学习马克思主义的革命理论，并把学习作为工作的一部分，要求大家把理论与实际、所学与所用结合起来，正确地应用这种理论去解决中国革命的实际问题。《指示》中提出"决定以五月五日马克思生日为学习节，总结每年的学习经验并举行奖励（以集体奖励为原则）。今年五五为第一届节日。"①从此，"五五学习节"活动在陕甘宁边区及各抗日根据地迅速开展起来。在学习节的推动下，各机关、学校、部队、团体中的干部逐步掀起了学文化、学理论的高潮。第一届学习节时参加学习的人数是4000多人，第二届增至5000余人，第三届达到一万余人，并按要求开展了检查、总结、评比。这种加强在职干部学习教育的"无期大学"，诚如毛泽东《在延安在职干部教育动员大会上的讲话》中所说，"可算是天下第一"，"是一个新发明的大学制度"。②专门设立学习的节日，是中国共产党把马克思主义与中国实际相结合的有效方法和生动实践。陕甘宁边区及各抗日根据地开展"五五学习节"活动，与延安整风紧密结合，提高了党的干部队伍理论文化水平，为夺取革命胜利和新中国建设提供了思想保障。

---

① 中共中央文献研究室，中央档案馆.建党以来重要文献选编（一九二一——一九四九）：第十七册[M].中央文献出版社，2011：224.

② 中共中央文献研究室，中央档案馆.建党以来重要文献选编（一九二一——一九四九）：第十六册[M].中央文献出版社，2011：322.

中央高级学习组的成立及其活动

  中央高级学习组是全国抗战时期，中共中央在指导延安整风运动中设立的高级别学习性组织。1941 年 8 月 29 日的中央书记处工作会议上，毛泽东提出要在中央设立思想方法学习小组，会议决定立即成立中央研究组，以毛泽东为组长，准备编辑马恩列斯反主观主义、形式主义言论集，供全党干部学习用。为了把这种整风学习的组织形式推广到全党高级干部中，9 月 26 日，中央书记处发出经毛泽东修改审定的《关于高级学习组的决定》，决定指出：为提高党内高级干部的理论水平与政治水平，决定成立高级学习组；以理论与实践统一为方法；延安及外地各重要地点，均应设立高级学习组；在不妨碍各同志所负主要工作任务的条件下进行此种学习。其后，驻延安中央各领导机关和西北局、陕甘宁边区政府等大单位、敌后各根据地的党政军高级领导机关、南方局等都相继成立了高级学习组。高级学习组的成员包括中央、各中央局、中央分局、区党委或省委委员和八路军、新四军各主要负责人，各高级机关某些职员、各高级学校某些教员，全国以 300 人为限，延安占 1/3。中央学习组向各地高级学习组通知学习的内容，规定首先以马克思列宁主义的政治理论和党的六大以来的政治实践为学习、研究范围。毛泽东高度重视中央学习组和各地高级学习组的活动，所以将很大的一部分精力放在对全党高级干部的学习活动进行安排和指导。毛泽

朱德在延安

晉西北黨政軍民

展開整頓三風學習熱潮

一二〇師指戰員努力學習文件

【新華社晉西北廿三日電】關於整頓三風學習號召，此間一般人士認為與軍事鬥爭任務同樣重要的政治行動。中共晉西區區黨委，六月五日召開的宣傳會議，掀起了黨政民各級幹部空前的學習熱潮，（除過與敵人作戰就擱外）機關駐地為敵人炮火毀餘的斷垣破壁間，張貼著學習壁報稿件的種種標語，山角、村灣上、樹蔭下，到處都是熱烈學習的蹤影，「文件學的怎樣」的問詢，代替落日常所見的寒暄。問題討論和學習方法迅即一切空暇時間的交換材料，至本月廿口，第一次問題計劃討論的結果，精讀研究□

【本報晉西北廿三日電】中央整頓三風的號召發出以後，一二〇師全體指戰員，即在中央號召之下，熱烈進行整頓三風運動，學習廿二個文件的熱潮亦已普遍展開。本月十二日一二〇師直屬隊黨代表大會開會時，全體代表一致決議遵照中央決定的精神，在賀龍□

蘇中黨政軍負責同志

《解放日报》登载的晋西北开展整顿"三风"的报道

1942年2月16日，周恩来、董必武由重庆发给毛泽东的电报，汇报中共中央南方局所属系统整风学习的情况

东多次在中央学习组和重要干部会议上做学习辅导报告，点出问题，解答疑难，传授学习方法。1942年3月至5月，毛泽东先后在中央学习组做了关于如何研究中共党史、关于时局、关于整顿"三风"、关于文艺界整风等专题报告。1942年5月，全党普遍整风开始后，中央领导层和全党高级干部的整风学习便与之有机结合起来，共同持续和深入地进行下去。在毛泽东的直接领导下，中央高级组的学习活动始终走在前列，为全党高级干部的整风学习做出了示范，发挥了带头和引路的作用。

《解放日报》关于各地整风学习的报道

毛泽东思想科学概念的酝酿和提出

　　毛泽东思想是马克思列宁主义在中国的运用和发展，是被实践证明了的关于中国革命和建设的正确的理论原则和经验总结，是中国共产党集体智慧的结晶。党的许多卓越领导人对它的形成和发展做出了重要贡献，毛泽东是毛泽东思想的主要创立者，毛泽东的科学著作是它的集中概括。毛泽东思想这一科学概念的形成，经历了一个过程。1941 年 3 月，党的理论工作者张如心首次使用了"毛泽东同志的思想"的提法。[1] 同年 6 月，中共中央北方局、八路军野战政治部指示：要宣传"我党领袖毛泽东同志发展了马列主义的关于中国革命的各项学说和主张"。[2] 同年 9 月，中央政治局召开的扩大会议进一步肯定了毛泽东关于中国革命的理论。朱德、周恩来、陈毅均撰文从不同角度进行了阐释。1943 年 7 月 5 日，王稼祥在《中国共产党与中国民族解放的道路》一文中，首先使用"毛泽东思想"科学概念，指出"毛泽东思想就是中国的马克思列宁主义"，[3] 并明确地提出"毛泽东思想"的概念的定义、内容和形成的条件。1945年党的六届七中（扩大）全会原则通过的《关于若干历史问题的决

① 中共中央党史研究室 . 中国共产党历史：第一卷（下册）[M]. 北京：中共党史出版社，
　　2011：833.

② 中国延安干部学院 . 延安时期大事记述 [M]. 中央文献出版社，2010：335.

③ 王稼祥 . 中国共产党与中国民族解放的道路 [N]. 解放日报，1943-07-08.

毛泽东在七大致开幕词并做《论联合政府》的政治报告

议》，高度评价了毛泽东运用马克思主义基本原理解决中国革命问题的杰出贡献，指出："中国共产党自 1921 年产生以来，就以马克思列宁主义的普遍真理和中国革命的具体实践相结合为自己一切工作的指针，毛泽东同志关于中国革命的理论和实践便是此种结合的代表。"1945 年中共七大第一次明确地把毛泽东思想确立为全党的指导思想，并庄严地写入党章，这是七大的历史性贡献，是近代中国历史和人民革命斗争发展的必然选择。它标志着马克思主义中国化的进程实现了第一次历史性飞跃，也标志着中国共产党在马列主义、毛泽东思想的基础上在政治上、思想上和组织上达到了空前的团结、统一和成熟。

陕甘宁边区的整党运动

1947 年 11 月，陕甘宁边区在进行土地改革的同时，各地区开始了党组织的整顿工作。中国共产党在抗日战争时期的整风运动，收到了很好成效。但是，在党的地方组织方面，特别是在党的农村基层组织方面所存在的成分不纯和作风不纯的问题，并没有得到根本解决。因此，中国共产党在全国土地会议上讨论了这个问题，并决定结合土地改革工作开展整顿党的队伍的运动。陕甘宁边区党的组织历经长期革命斗争血与火的考验，具有很强的战斗力，但在土改和直前等工作中也暴露了组织不纯、作风不纯的问题。1947 年绥德义合会议后，边区各级党组织通过开展批评，整顿了各级领导干部的思想作风，纠正了工作中的各种偏向。同时，对农村基层党组织开始进行整顿试点。1948 年 7 月 19 日至 8 月 4 日，中共中央西北局在延安召开边区地委书记联席会议，西北局通过这次会议，全面部署了农村基层党组织的整顿工作，并按照发动和依靠党内外群众力量进行整党，即党内外民主结合。确定了以教育改造为主，把整党和发展党员结合起来。在处理党员问题上必须贯彻严肃而谨慎的态度，对阶级异己分子、坏分子及严重违法乱纪分子，必须坚决清除出党的方针开展整党运动。会后，整顿党组织的运动在边区农村普遍开展了起来。这次边区整党运动为巩固边区的土地改革成果，恢复和发展生产，支援前线等方面工作的胜利发展提供了保证，为解放战争取得新的更大的胜利发挥了重要的作用。

中央給晉綏分局、西北局

關於整黨問題指示

——黨內文件——

晉綏分局，並西北局：

五月十八日電悉。

（一）根據分局五月三日及十八日兩次來電，証明晉綏黨的基層組織中，作風不純的現象是相當普遍的存在。有極少數支部嚴重蛻變被壞把操縱。區級以上幹部中由地富家庭出身者佔有不小的比例，其中入黨離努力工作，且已經過長期考驗，但有一部分則思想上還存在有毛病。這一切說明整理黨的組織是十分必要的，地富成分佔黨員的最少數。如與臨二區八個支部黨員共三百四十八人內，只有四個地富分子，平魯二區八個支部共二百四十一個黨員中，只有一個地主，沒有富農。在晉綏已實行土地改革的老區，有的幹部黨員（即是說有六千到七千人）。而在村級領導骨幹中，你們亦說包括有一部分原有黨員（佔計上選區村代表、村級領導骨幹、貧農團委會積極分子中，你們說原有黨員佔三分之一至一半，又在五萬個貧農團及農會積極分子中，你們亦說包括有一部分原有黨員（佔計上選區村代表、村級領導骨幹、貧農團委會積極

1948 年 6 月 28 日，中共中央华北局秘书处印发的中共中央給晉綏分局、西北局《关于整党问题指示》

《共产党人》杂志创刊

　　《共产党人》是中共中央出版的以党的建设为主要内容的党内刊物，1939年10月20日在延安创刊，1941年8月停刊，共出版19期。《共产党人》杂志旨在思想上、政治上、组织上全面提高党

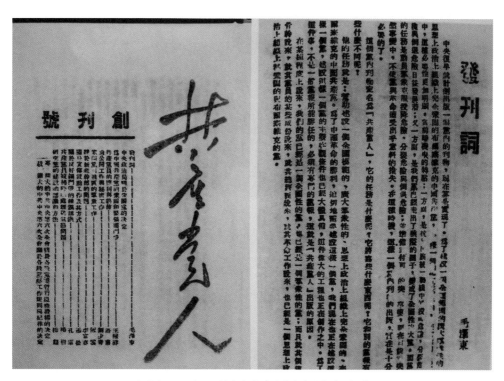

毛泽东1939年10月发表的《〈共产党人〉发刊词》

的领导水平，以适应于党所面临的重大政治任务。1939年6月25日，中共中央做出《关于巩固党的决定》，指出：今后一定时期的工作任务是巩固党的组织，加强马克思列宁主义教育、阶级教育和党的教育，并拟议创办一个党内不定期刊物——《共产党人》。杂志由张闻天任主编，李维汉任编辑主任，陶希晋、马洪为编辑。在中央领导下，《共产党人》杂志传达了中共中央有关党的建设的指示，刊登了大量旗帜鲜明的文章，宣传了党的政策，指导了各级党组织的思想建设与政治教育，对党的意识形态建设起到了重要作用。毛泽东为《共产党人》题写刊名并写了发刊词，他在《〈共产党人〉发刊词》中提出了必须"建设一个全国范围的、广大群众性的、思想上政治上组织上完全巩固的布尔什维克化的中国共产党"[①]的任务。指出"统一战线，武装斗争，党的建设，是中国共产党在中国革命中战胜敌人的三个法宝，三个主要的法宝"。[②]《〈共产党人〉发刊词》是对党的自身建设历史的科学总结，是马克思列宁主义中国化的光辉文献。它的发表，对于动员全国人民克服面临的投降、分裂和倒退逆流，激发人民群众抗战的勇气和信心，起了巨大的鼓舞作用。同时，这篇文献还总结了党的建设的成功经验和基本规律，为全面加强党的建设，夺取革命胜利提出了任务，指明了前进的方向。

---

① 毛泽东选集：第一卷 [M].第2版.人民出版社，1991：602.

② 毛泽东选集：第一卷 [M].第2版.人民出版社，1991：606.

《新中华报》

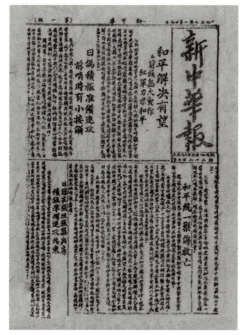

《新中华报》

　　《新中华报》的前身是1931年12月在江西瑞金创刊的中华苏维埃中央政府机关报《红色中华》。1931年12月11日在江西瑞金创刊。1934年10月出至240期后，因红军长征暂时停刊。中央红军到达陕北后，1935年11月在瓦窑堡复刊。为适应西安事变后国共合作的新形势，1937年1月29日，《红色中华》改为《新中华报》。中华苏维埃中央政府改制为陕甘宁边区政府后，《新中华报》1937

年 9 月成为陕甘宁边区政府机关报，1939 年 2 月 7 日改组为中共中央机关报，兼陕甘宁边区政府机关报，除由新华书店向延安各机关和陕甘宁边区发行外，还向全国各抗日民主根据地发行。《新中华报》对共产党领导下的抗日武装的战绩和边区政治、经济、军事、文化、教育等方面的成就，做了比较系统的报道，并发表了很多重要评论。《新中华报》的改组，改变了当时延安没有中共中央机关报的状况，加强了对根据地建设工作的指导，在意识形态领域加强了对国民党消极抗日、积极反共政策的斗争。毛泽东曾给该报题词："把新中华报造成一枝抗战的生力军"，并称赞《新中华报》是全国报纸中最好的一家。1941 年 5 月 15 日中央政治局决定停办三日刊的《新中华报》，将该刊与《今日新闻》合并，在延安出版《解放日报》，作为中央机关报。

《边区群众报》

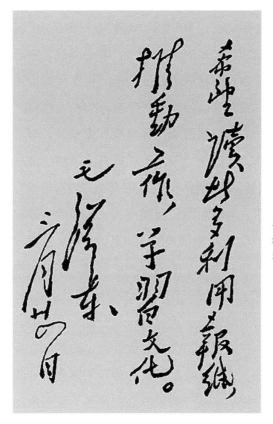

毛泽东1946年3月25给《边区群众报》的题词："希望读者多利用报纸，推动工作，学习文化。"

　　《边区群众报》1940年3月25日在延安创刊，由毛泽东提议创办、确定报名并题写报头，是中共陕甘宁边区党委机关报。1941年5月，边区党委改为中共中央西北局，该报遂成为西北局机关报。

1947年3月，国民党胡宗南部队进犯延安，边区群众报社于3月18日撤出延安，随中共中央西北局机关转战陕北。1948年1月10日，报社转移到绥德县霍家坪时，《边区群众报》更名为《群众日报》。1948年4月21日延安光复后，《群众日报》回到延安清凉山继续出版。1949年5月1日，群众日报社将人员一分为二，一部分人留在延安继续出报，另一部分人5月15日随军南下，于5月27日在西安出《群众日报》(西安版)，1954年10月16日更名为《陕西日报》至今。在延安出版的《群众日报》于6月10日停刊，出至704期。《边区群众报》是办给陕甘宁边区基层干部和农民看的通俗报纸，其主要任务是宣传党的主张、反映群众呼声，教育人民群众、加强各项建设，保卫边区、支援抗日战争。在周文、谢觉哉、李卓然和胡绩伟等人和全体工作人员的努力下，历经抗日战争和解放战争烽火的洗礼，深受群众喜爱，也成为一代伟人毛泽东"最喜欢读"的报纸。1946年3月25日，毛泽东为该报题词："希望读者多利用报纸，推动工作，学习文化。"[①]它的鲜明特点是大众化，从内容到形式尽力做到通俗易懂，使识字很少的人也能看得懂，不识字的人听得懂，办出其特有的为群众喜闻乐见的大众化风格。报纸出版后，立即受到基层干部和广大群众的热烈欢迎，很快发行到一万多份，被群众称为"咱们的报"。在陕甘宁边区文教大会上，边区群众报社获得特等文教模范的奖励。边区群众报积极宣传党的路线方针政策，反映群众意见和呼声，密切联系了党和群众的关系，从而推动了陕甘宁根据地的革命和建设事业向前发展。

---

① 中共陕西省委党史研究室.中共中央在延安十三年史：下[M].中央文献出版社，2016：742.

延安《解放日报》的创办与改版

　　《解放日报》是中国共产党在陕甘宁边区首府延安创办的第一个大型日报，是中国共产党在抗日战争时期和解放战争初期的中央机关报。从 1942 年 9 月起，《解放日报》兼中共中央西北局机关报，

《解放日报》社旧址

《解放日报》社社长博古

是边区出版的影响最大的报纸。该报第一任社长博古（秦邦宪），后为廖承志。第一任总编杨松（吴绍镒），后为陆定一、余光生，副主编舒群。抗日战争进入相持阶段后，当时的中央机关报《新中华报》已经不能适应新形势的要求，中共中央需要一张大型日报来加强宣传和指导工作，统一全党宣传舆论口径。1941 年 5 月 16 日《解放日报》在延安创刊，社址设在延安的清凉山上。毛泽东为《解放日报》题写了报名，并撰写发刊词："中国共产党的使命就是本报的使命，本报的使命就是团结全国人民战胜日本帝国主义。"根据中央决定，该报社论均由中央负责同志及重要干部执笔。毛泽东非常重视《解放日报》的工作，题写报头，撰写、修改了大量社论、评论和消息。《解放日报》创刊不久，就爆发了苏德战争。该报及时对国际形势做出科学的分析，在世界反法西斯舆论中，最早明确提出建立反法西斯国际统一战线的主张。但是，初期的《解放日报》，存在着主观主义、

《解放日报》第一任总编辑杨松在审改稿件

教条主义、党八股和脱离实际、脱离群众的倾向，在办报方向上出现了严重的偏差。整风运动开始后，在中共中央的指导下，1942年4月1日，《解放日报》实行改版。当天登载了中共中央宣传部《为改造党报的通知》，同时发表了改版社论《致读者》。社论检查了创刊10个月来在党报所必需的品质方面存在的问题，表示今后要"使解放日报能够成为真正战斗的党的机关报"，"使我们整个篇幅贯彻党的路线，反映群众情况，加强思想斗争，帮助全党工作的改进。这样来贯彻我们报纸的党性、群众性、战斗性和组织性！"①改版后的《解放日报》，内容由刊载国际新闻为主，改为以报道抗日民主根据地新闻为主。《解放日报》对宣传党的方针、政策发挥了重要作用，它的创办与成功改版是中国共产党党报发展史上一个重要的里程碑，也在中国新闻史上写下了光辉的一页。

---

① 中共陕西省委党史研究室.中共中央在延安十三年史（下）[M].中央文献出版社2016年版，第742页.

加强党性建设

　　1941 年，在抗战最困难的时期，中共中央为了做好迎接新的大发展局面到来的准备，要求各地大力加强党的建设，加强党性建设是采取的系列举措之一。此时，中国共产党经过 20 多年的英勇奋斗和实际斗争锻炼，以及成为"和广大群众密切联系"、在"全国政治生活中的重要的决定的因素"。① 但是，党内干部中特别是高级干部和军队干部中还存在着违反党性的现象，具体表现在：在政治上自由行动，不请示中央或上级，随便发言，以感情代替政策，独断专行，或借故推脱，耍两面态度，阳奉阴违，对党隐瞒；在组织上自成体系，强调独立行动，反对集中领导，只要下面服从纪律，而自己可以不遵守；在干部政策上，随意提拔，感情拉拢，毫无原则；在思想意识上，以小资产阶级个人主义反对无产阶级集体主义，自高自大，突出个人，吹牛夸大，铺张求表面，不实事求是地了解具体情况，不严肃认真地对待问题。有代表性的就是王明无组织无纪律的错误、张国焘的叛党。中央政治局于 1941 年 7 月 1 日讨论通过了根据毛泽东提议、由王稼祥主持起草的《中共中央关于增强党性的决定》，《决定》列举了某些党员存在的党性不纯的表现，提出要把中国共产党进一步建设成为广大群众性的思想上政治上组织

---

① 中共中央文献研究室，中央档案馆.建党以来重要文献选编（一九二一——一九四九）：第十八册 [M].中央文献出版社，2011：443.

上完全巩固的布尔什维克化的党以担负起伟大而艰难的革命事业。

《决定》指出：为了纠正上述违犯党性原则的情况，必须加强全党的统一性，坚决肃清阳奉阴违的两面性作风；在全党加强纪律教育，每个党员必须严格遵守个人服从组织，少数服从多数，下级服从上级，全党服从中央的基本原则；用自我批评的武器和加强学习的方法改造自己，提倡大公无私，忠实朴素，埋头苦干，眼睛向下，实事求是，力戒骄傲，力戒肤浅的作风；每个共产党员，不论职位高低，都必须参加党的组织生活，增强党性锻炼。9月6日，《解放日报》发表了《加强党性的锻炼》的社论。加强党性建设对于纠正党内的非无产阶级思想、作风，增强党性观念，加强全党的团结和统一，推动延安整风持续深入，起到了重要作用。此后，增强党性锻炼成为党的建设的重要内容。

《中央关于增强党性的决定》

整风运动中的审干与"抢救"运动

整风运动中的审干与"抢救"运动是抗日战争时期，中国共产党为保持组织的巩固和队伍的纯洁，结合整风运动对全体干部进行的一次有组织的审查工作。1942年12月，在全党开展整风运动期

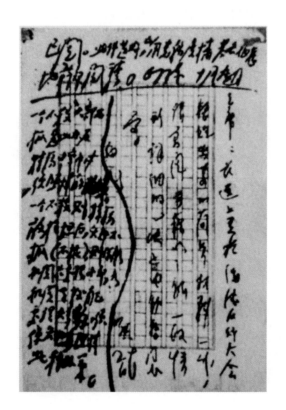

1943年7月30日，毛泽东提出关于审干工作的"九条方针"

中央总学委副主任、中央
社会部部长康生

间，中央各部委和延安的一些机关、学校开始了审查干部的工作。1943 年 4 月 3 日，中共中央做出《关于继续开展整风运动的决定》，要求在整顿党的作风的同时，对全党干部进行一次认真的组织审查，并提出 1943 年 4 月 3 日至 1944 年 4 月 3 日间深入开展整风运动的主要斗争目标是：在纠正干部中的非无产阶级思想的同时，肃清党内暗藏的反革命分子；前一种是无产阶级与非无产阶级的斗争，后一种是革命与反革命的斗争。"整风不但是纠正干部错误思想的最好方法，而且是发现内奸与肃清内奸的最好方法。"[①] 在当时十分复

---

① 中共中央文献研究室，中央档案馆.建党以来重要文献选编（一九二一——一九四九）：第二十册[M].中央文献出版社，2011：275.

杂的社会政治环境下，在各种敌对势力千方百计对中共和根据地进行渗透的情况下，对于干部队伍的政治状况进行一次认真的审查，是完全必要的。但是，在实际工作中，由于过分严重地估计了敌情，由于抗日根据地处于同外界隔绝的状况，对干部的历史状况的调查十分困难，在这方面所花的力气不多，出现了严重的偏差。把审干工作主要视为锄奸、反特斗争，把一些干部思想上、工作上的缺点错误或一些尚未澄清的历史问题怀疑为政治问题以至反革命问题，并采取逼、供、信的错误方法，不可避免地出现了反特斗争严重扩大化的错误。仅在延安一地，半个月就挖出所谓"特嫌分子"1400多人。特别是专门负责审干工作的中央总学委副主任、中央社会部部长康生在延安干部大会上提出开展"抢救失足者运动"，混淆敌我界限，是其典型代表。毛泽东最先发现了审干工作的偏差，并采取措施予以纠正。1943年7月30日，毛泽东强调审干工作的正确方针是：首长负责，自己动手，领导骨干与广大群众相结合，一般号召与个别指导相结合，调查研究，分清是非轻重，争取失足者，培养干部，教育群众；[1]并指示停止"抢救失足者运动"。8月15日，中共中央做出《关于审查干部的决定》，正式发布毛泽东提出的首长负责等九条方针。10月9日，毛泽东在绥德反奸斗争材料上批示："一个不杀大部不抓是此次反特斗争必须坚持的政策。"[2]12月22日，中共中央书记处召开会议，认为"抢救运动"应予否定[3]，对冤假错

① 中共中央文献研究室，中央档案馆.建党以来重要文献选编（一九二一——一九四九）：第二十册[M].中央文献出版社，2011：503.

② 中共中央文献研究室.毛泽东年谱（1893—1949）修订本（中卷）[M].中央文献出版社，2011：475.

③ 中共中央党史研究室.中国共产党历史：第一卷（下册）[M].中共党史出版社，2011：790.

案应予以平反。从 1943 年底开始，在中央领导下全面开展了甄别工作，到 1945 年春基本结束。毛泽东主动承担错误，多次向受到伤害的同志脱帽鞠躬、赔礼道歉。经过中共中央及毛泽东及时采取一系列措施的努力，延安和陕甘宁边区审干工作中反特扩大化的错误基本得到纠正。"抢救失足者运动"的错误，在延安整风中只是一个支流，不能因此而否定整风运动取得的伟大成就。

中共中央政治局

　　中国共产党中央委员会政治局，简称中共中央政治局或中央政治局，是中国共产党的中央组织和领导机构。中国共产党在第一、二、三、四次全国代表大会上都没有设立中央政治局，早期中国共产党

中共五大开幕地点——武昌第一小学（原国立武昌高等师范第一附属小学）

的领导机构是中国共产党中央局。1924 年 11 月，中共中央首次设立政治局，由陈独秀、蔡和森、维经斯基三人组成。[①] 中共第四届中央执行委员会第一次会议决定取消政治局的建制。[②]1927 年 5 月 10 日，中国共产党第五届中央委员会第一次全体会议上开始正式设立中央政治局及政治局常务委员会。中央政治局为中共全党的最高决策机关，中央政治局委员由中央委员会全体会议选举产生。中央政治局常务委员会负责处理日常事务，党的决策机关与负责日常工作

---

① 张东明.中央主要领导机构历史演进 [M].人民日报 2016-6-16.

② 李蓉，叶成林：中共四大轶事 [M].人民出版社，2015：300 页.

俄罗斯国家社会政治历史档案馆保存的中共五大会场历史照片，下方用俄文标记了"1927
年4-5月 中共五次代表大会"

的机关首次分为两个机构，实际上第一次提出了保证党中央集体领
导的组织举措，使党的组织机构逐步健全。这是党的五大在领导体
制上的重大贡献。五大修改的党章第二十七条规定"中央政治局指
导全党一切政治工作，处理党的日常事务"，强调了政治决策、政
治领导的"政治局"本来含义；六大党章修改为"指导党的一切工
作"，"处理中央日常工作"，① 较为全面、准确。此后，在中共
中央组织沿革中，中央政治局一直存在于中央领导机构序列中，职能、
地位没有变动，一直沿用至今，成为全党的领导核心。党的中央政

---

① 王健英.中共中央机关历史演变考实（1921—1949）[M].中共党史出版社，
2005：第86页.

治局每届任期五年，全国代表大会如提前或延期举行，它的任期相应地改变。中央政治局在中央委员会全体会议闭会期间，行使中央委员会的职权。中央政治局的领导工作，严格按照党的全国代表大会和中央委员会的决议，按照民主集中制的原则进行。延安时代，中共中央政治局成员多次变动，1945年6月19日，中共七届一中全会在延安杨家岭举行，选举产生了政治局委员13人：毛泽东、朱德、刘少奇、周恩来、任弼时、陈云、康生、高岗、彭真、董必武、林伯渠、张闻天、彭德怀。延安时代，中央政治局职能、作用不断完善，发挥了应有的作用。

瞿秋白和杨之华夫妇五大期间在会场合影。照片题字："青天白日中山装，赤色大会已是第五次！"

中共中央书记处

    中国共产党中央书记处，是中国共产党中央委员会处理日常工作的组织领导机构，是中央政治局及其常务委员会的办事机构，设书记若干人。1934年1月，中共临时中央在瑞金召开六届五中全会"选举产生了中央书记处"[1]，成员为秦邦宪（博古）、张闻天（洛甫）、

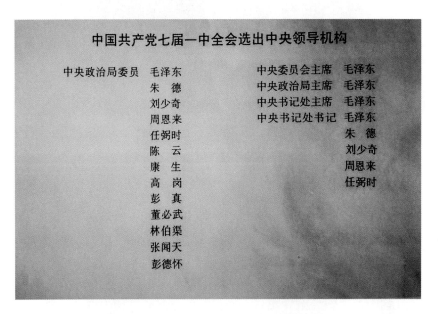

中国共产党七届一中全会选出中央领导机构

中央政治局委员	毛泽东	中央委员会主席	毛泽东
	朱 德	中央政治局主席	毛泽东
	刘少奇	中央书记处主席	毛泽东
	周恩来	中央书记处书记	毛泽东
	任弼时		朱 德
	陈 云		刘少奇
	康 生		周恩来
	高 岗		任弼时
	彭 真		
	董必武		
	林伯渠		
	张闻天		
	彭德怀		

中共七届一中全会选出的中央领导机构

---

①　中共中央党史研究室.中国共产党历史（第一卷上册）[M].中共党史出版社，2002：第482页.

中央书记处主席毛泽东

周恩来、项英、陈云①。这是中共历史上第一次成立的中央一级的组织。一般认为，当时的中央书记处事实上就是中央政治局常务委员会。1938年11月6日，中共六届六中全会做出的《关于中央委员会工作规则与纪律的决定》，在第三部分专设"中央书记处"一节，明确规定中央书记处的性质和工作，其任务是"办理中央委员会之组

---

① 王健英.中共中央机关历史演变考实（1921—1949）[M].中共党史出版社，
  2005：第268页.

中央书记处书记朱德

织性质后人执行性质的日常工作，并负责召集政治局会议……遇有
新的重大紧急事变发生，不能立即召开政治局会议时，得做新的决定，
并得以中央委员会名义发表宣言、决议和电文，但事后须提交政治
局会议批准及追认"。[1]决定没有再讲中央政治局"常务委员会"，
实际上以中央书记处取代了常务委员会。会议主要内容是讨论中央机

① 中共中央文献研究室，中央档案馆编.建党以来重要文献选编（1921—1949）（第
十五册）.[M].中央文献出版社，2011：第768页.

中央书记处书记刘少奇

构问题。1943 年 3 月 16 日至 20 日，中共中央在延安举行政治局会议，会议主要内容是讨论中央机构问题。3 月 20 日，会议通过了《关于中央机构调整及精简的决定》，推选毛泽东为中央政治局主席、中央书记处主席。规定："书记处是根据政治局所决定的方针处理日常工作的办事机关，他在组织上服从政治局，但在政治局方针下有权处理和决定一切日常性质的问题。"[①]"中央各部委局厅社的工作，由

① 中共中央文献研究室，中央档案馆编．建党以来重要文献选编（1921—1949）（第二十册）[M]．中央文献出版社，2011：第 173 页．

中央书记处书记周恩来

书记处直接管理"。①决定由毛泽东、刘少奇、任弼时组成中央书记处，根据中央政治局决定的方针处理日常工作；书记处会期不固定，随时由主席召集；中央书记处讨论问题，主席有最后决定之权。1945年6月19日，中共七届一中全会召开第一次会议，选举毛泽东、朱德、

① 中共中央文献研究室，中央档案馆编.建党以来重要文献选编（1921—1949）（第二十册）[M].中央文献出版社，2011：第173页.

中央书记处书记任弼时

刘少奇、周恩来、任弼时为中央书记处书记，正式形成党的第一代领导集体。这是一个具有很高威信的、能够团结全党的坚强的领导集体。

中央前委

    1947年3月29日，中共中央在清涧县枣林沟村举行政治局会议，决定由毛泽东、周恩来、任弼时率领中共中央和人民解放军总部机关留在陕北，指挥全国各解放区人民解放军的作战。4月9日，

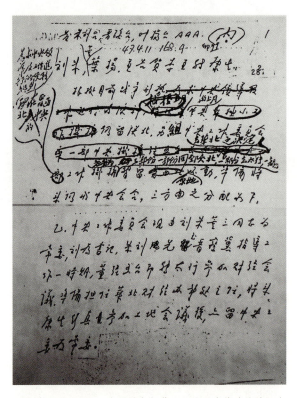

1947年4月11日，由周恩来起草、经毛泽东修改的关于成立中央工委和晋西北中央工作机构的工作问题给刘少奇、朱德、董必武、叶剑英、杨尚昆、贺龙、李井泉、康生的电报手稿

中央前委在转战陕北途中。骑马者右三为毛泽东，右一周恩来，右二任弼时

毛泽东在转战陕北途中观察地形

任弼时在转战陕北途中小憩

周恩来在转战陕北途中批阅文件

任弼时在延安用过的眼镜

中共中央向各中央局和各野战军首长等发出由毛泽东亲自起草的《关于保卫陕甘宁边区的通知》，明确决定未来粉碎国民党反动派驱逐中央领导机构出西北的阴谋，"我党中央和人民解放军总部必须继续留在陕甘宁边区"。[①]1947 年 4 月 11 日，中共中央发出《关于中央工作机构分为三部分及其人员分配的通知》，由毛泽东、周恩来、任弼时组成中共中央，继续留在陕北，行使中央、中央军委权力，主持中共中央日常工作并负责指挥全国的解放战争，中共中央简称"中央前委"。留在陕北的中共中央机关和中央军委机关人员以及警卫部队共 800 多人组成 4 个大队，统归"直属司令部"指挥，任弼时（化名"史林"）任司令员，陆定一（化名"郑位"）任政委。为了保密，直属司令部代号"九支队"。中共中央领导人都用化名，毛泽东化名"李德胜"，周恩来化名"胡必成"。在转战陕北的日

---

① 中共中央文献研究室，中央档案馆编.建党以来重要文献选编（1921—1949）（第二十四册）[M].中央文献出版社，2011：第 130 页.

子里，中共中央（中央前委）在物资供给极端艰苦和与敌周旋十分险恶的环境下，运筹帷幄，从容地指挥全国各战场的作战，粉碎了国民党的重点进攻，实现了人民解放军的战略反攻，指导了国统区"第二条战线"的斗争，全面制定了党夺取全国胜利的行动纲领，取得了中国革命战争的历史性转折。同时，牵制了西北战场国民党军队的主力，指挥陕甘宁边区军民取得了粉碎国民党军队对陕北的重点进攻的胜利。

中央工委

　　1947年3月29日，中共中央在清涧县枣林沟村举行政治局会议，决定由刘少奇、朱德、董必武等率领一部分中央机关人员到华北，组成中央工作委员会，简称"中央工委"。4月9日，中共中央向各中央局和分局、各省委和区党委、各野战军首长等发出《关于保

刘少奇在离开延安后的转战路上

卫陕甘宁边区的通知》，决定"为着工作上的便利，以刘少奇同志为书记，组织中央工作委员会，前往晋西北或其他适当地点进行中央委托之工作。"①1947年4月11日，中共中央发出《关于中央工作机构分为三部分及其人员分配的通知》，由刘少奇、朱德、董必武担任常委，组成中央工作委员会（康生、彭真参加土地会议后，亦留中央工委为常委），刘少奇为书记，朱德为副书记。中央工作委员会简称"中央工委"。按照中共中央的分工，中央工委经过晋绥边区兴县、岢岚、神池等地，再经晋察冀解放区的代县、阜平地到平山地区，从工作便利和安全等因素出发，最终选定平山县西柏坡作为驻地。中央工委对外称为"工校"，刘少奇称为胡校长（化名"胡服"），朱德称为朱校董。6月16日，毛泽东对中央工委今后六个月的任务做出明确指示，要求中央工委集中精力抓好三方面的工作：将晋察冀军事问题解决好，将土地会议开好，将财经办事处建立起来。开创了华北解放区军事、政治、经济的新局面，为后来中共中央进驻西柏坡创造了条件，也拉开了全党工作重心从农村向城市转移的序幕。1948年4月23日，周恩来、任弼时率领中共中央部分工作人员到达西柏坡，与中央工委会合，从此，中央工委完成了历史使命。

---

① 中共中央文献研究室，中央档案馆编．建党以来重要文献选编（1921—1949）（第二十四册）[M].中央文献出版社，2011：第131页．

中央后委

　　1947年3月29日，中共中央在清涧县枣林沟村举行政治局会议，讨论中央机关行动问题。决定五位书记分工，组成中央前委和中央工委。经周恩来到河东征求意见，4月10日晚，中央在靖边县青阳

中央后委书记叶剑英

叶剑英在临县双塔村干部会议上做报告

岔召开会议，进一步研究中央的分工和滞留在晋西北的中央和军委
机关共5500多人的转移问题。4月11日，中共中央发出《关于中
央工作机构分为三部分及其人员分配的通知》，中央及军委大部工
作机构暂留晋西北，组成中共中央后方工作委员会，以叶剑英为书记，
杨尚昆为副书记，李维汉、邓颖超、李克农、帅孟奇为委员，杨尚
昆为后方支队司令员，协助在陕北的中共中央指挥全国战争，做好
兵员的补充及部队家属等后勤工作。中央后方工作委员会简称"中
央后委"。4月中旬，转移到晋西北的中央和军委机关人员按照中
央决定分编分流为三部：军委一局大部、二局和中央机要处一部分，
连同警卫连一个排共99人（亦称"九九大队"），西渡黄河回到陕
北随中央前委工作；中央组织部、宣传部、社会部、中央党校、解

放日报社、中央青委，军委政治部、三局一部和中央机要处、秘书处等合为一个单位，加上军委总卫生部、供给部和杨家岭行政处各一部等，共1300人，东去太行随中央工委工作；大部人员留在晋西北随中央后委工作。留在后委的包括军委作战部一局、二局和三局一部，中央机要处、秘书处与中央办公厅人员，法律委员会、中央情报部、城工部、外事组、交际处、中央妇委、工会、军委总卫生部、军委蓝家坪托儿所的孩子和工作人员，以及烈士家属、交际处的客人、供给部、行政处一部等，共3000多人。中央领导机关驻扎在临县三交镇双塔村，其他人员驻扎在双塔及湫水河沿岸的40多个村庄。从1947年2月到1948年3月，中央后委在相对稳定的环境里，掌握敌情、提供情报，统筹后方工作，为中央领导全国解放战争提供了保证。中央后委不仅是开展后方保障工作的机构，而且是进行前方作战的参谋部。对中央决策和解放战争的胜利，做出了重大贡献。

中共中央革命军事委员会

　　延安时期中国共产党的最高军事领导机构。1931年1月15日，中央革命军事委员会在宁都小布成立，归中共苏维埃区域中央局领导，实际同时为苏区中央局军委，简称"中革军委"，以与上海的

洛川会议成立的中共中央革命军事委员会组成人员

"中央军委"相区别。主席为项英，副主席为朱德、毛泽东。11 月 25 日，中华苏维埃共和国临时中央政府也设立了中央革命军事委员会，属于国家政权系统的军事统率机构，指挥和管理全国红军。既是临时中央政府的军事部门，同时也是苏区中央局的军委。主席朱德，副主席彭德怀、王稼祥。全国抗战开始后，为了适应新形势新任务的需要，加强在党对人民军队和军事工作的绝对领导，1937 年 8 月 22 日至 25 日，中共中央在陕北洛川县冯家村召开的政治局扩大会议（洛川会议），决定组成中共中央革命军事委员会，简称中央军委。中央军委由毛泽东、朱德、周恩来、彭德怀、任弼时、张浩、叶剑英、林彪、贺龙、刘伯承、徐向前共 11 人组成，毛泽东为书记(亦称主席)，朱德、周恩来为副书记（亦称副主席）。会议期间，中央政治局常委会还决定设立中共中央革命军事委员会前方军分会，由朱德、彭德怀、任弼时、张浩、林彪、聂荣臻、贺龙、刘伯承、关向应共 9 人组成，朱德为书记，彭德怀为副书记，受中央军委统辖。八路军各师成立军政委员会，受中央军委前方军分会统辖。中央军委总部设在延安王家坪，对外称八路军延安总部，下设总参谋部、总政治部、供给部、卫生部等工作机构，后又成立军委后方勤务部。1945 年 8 月 23 日，中共中央政治局扩大会议决定，"中共中央革命军事委员会"改称为"中共中央军事委员"，由毛泽东、朱德、刘少奇、周恩来、彭德怀、陈毅、聂荣臻、贺龙、徐向前、刘伯承、林彪、叶剑英共 12 人组成，毛泽东任主席，朱德、刘少奇、周恩来、彭德怀任副主席，彭德怀兼总参谋长，刘少奇兼总政治部主任，叶剑英兼副总参谋长。

中央组织部

中国共产党中央委员会组织部，简称中共中央组织部、中央组织部或中组部。是中国共产党中央委员会主管人事、党建方面工作的综合职能部门，是党中央在党的组织工作方面的助手和参谋。

陈云在延安

1924 年 5 月，中央正式决定分设组织、宣传、工农等部，毛泽东任中央组织部部长。长征到达陕北时，中央组织部部长为李维汉（罗迈）。中共中央进驻延安后，中央组织部进驻城内凤凰山下的凤凰村一个四合院内，由陈云接替博古（秦邦宪）任中组部部长，工作人员只有 10 余名。1937 年 11 月 20 日，日本飞机轰炸延安城后，中组部连夜搬到了北门外小沟坪的两排土窑洞里。从 1938 年底到 1941 年 9 月，中组部在原有干部科、地方工作科和秘书处的基础上，又新增设了交通工作科、党务委员会和总务处，干部人数也由 10 余人增加到 50 多人。同时，制定了一系列规章制度，明确内部的分工和各科、处的职责范围，工作逐渐步入正轨。1941 年秋，中央组织部机关由小沟坪后山搬到杨家岭沟口西边的半山坡上，与中央宣传部相邻。在中央实施的精兵简政中，中组部率先大精简，由五六十名干部减到 13 人，只剩下一个干部科和代管的中央党务委员会。事务性的工作并入中央办公厅。1943 年底，中央组织部再次搬到小沟坪中央党校的后山上。机关的行政性事务工作改由相邻的中央党校负责。一直任副部长的李富春调任中央副秘书长兼办公厅主任。从此，中组部未再设副部长。陈云任中组部部长一直到 1944 年 3 月，中间因病休息过一年多，暂由彭真代理，主持组织部的工作。彭真去东北后，由康生接任。延安时期，中央组织部在中央的领导下，为党的建设和组织的扩大做出了重大贡献，为抗日战争的胜利和开展人民解放战争发挥了组织保障的重要作用。

中央宣传部

　　中共中央宣传部是中共中央主管意识形态方面工作的综合职能部门。1924 年 5 月，中央正式决定分设宣传、组织、工农等部，罗章龙为中央宣传部部长。长征到达陕北后，中央宣传部部长先后为吴亮平、张闻天、何克全（凯丰）、陆定一。中共中央宣传部位于杨家岭北面山坡上的半山腰上，与中共中央组织部相邻。中共中央进驻延安后，中央宣传部驻城内南大街。1938 年 11 月迁至城北兰

杨家岭中共中央宣传部旧址

家坪。1940 年秋，迁至杨家岭沟口西边的半山坡上，与中央组织部相邻，1947 年 3 月撤离延安。1939 年 8 月，中共中央宣传部与中共中央干部教育部合并，称为中共中央宣传教育部。1940 年 10 月，又改称中共中央宣传部。1939 年，中共中央政治局决定中共中央宣传部由政治局及书记处之下的宣传委员会管理。1942 年 5 月，经中央书记处研究，在毛泽东的有力领导下，中央宣传部在杨家岭山坡下的中共中央办公厅礼堂筹备召开了著名的延安文艺座谈会。毛泽东在会上做了《在延安文艺座谈会上的讲话》，深刻地阐明了文艺为工农兵服务的根本方向和文艺工作同工农兵相结合的正确道路。延安时期是党的宣传工作从理论到实践的成熟期，中央宣传部组织和领导宣传文化工作，重视开展整风学习，大力贯彻中共中央关于干部教育的精神，高度重视党内教育和国民教育事业的发展，重视新闻出版广播事业的发展，积极领导开展国内国际宣传工作，发挥了显著作用。

中央统战部

    中国共产党中央委员会统一战线工作部，简称中共中央统战部，是中国共产党中央委员会主管统一战线工作的职能部门。1938 年 9 月至 11 月，中国共产党在延安召开扩大的六届六中全会，周恩来

1941 年冬，周恩来（左四）在重庆红岩村接待美国华侨领袖司徒美堂（左三）

在全会上做了关于统一战线的工作报告。全会通过了《关于各级党委暂行组织机构的决定》。《决定》明确规定，在区委以上各级党委之下设立统一战线部，"管理对友党联络及各机关中之党员的工作"[①]。1939 年 1 月 5 日，中央书记处会议决定设立中央统一战线部，中共中央统一战线部正式成立，同时还决定成立中共中央统战工作委员会。中央统战部部长为陈绍禹（王明）。自此，中央统战部开始了延安时期艰辛而辉煌的历程。延安时期，中央统战部的主要职能是：负责调查和研究各党派、军队及少数民族的情形，研究各党派、各驻军对我党我军的态度，指导和进行各方面的统战工作。到 1940 年，中央统战部大体上已形成可以自行运转的中央工作机构中的一个职能部门，并开始以中央统战部的名义正式向各地行文，传达中央的统战政策，指导统一战线工作的开展。中共六届七中全会决定成立中央城市工作部，主要任务是领导敌占区的抗日民族统一战线工作，部长由彭真兼任，副部长为刘晓、刘长胜，中央统战部名义仍存在。抗日战争胜利后，各级城工部停止工作。1946 年底，中共中央决定重新恢复城市工作部，其任务是在中央规定方针下，研讨与经营蒋管区的一切工作（包括农工青妇），并培训这一工作的干部，部内分党务、统战、农村、文教、顽军五组。部长由周恩来兼任，李维汉任副部长。1948 年 9 月，中共中央先后发电，决定将中央城市工作部改名为中央统一战线工作部，管理国民党统治区工作、国内少数民族工作、政权统战工作、华侨工作及东方兄弟党的联络工作，并具体负责筹备召开新政协的工作，部长由李维汉担任。中央统战部诞生于延安时期，经历了曲折的发展过程。在党中央的领

---

① 中共中央文献研究室，中央档案馆编．建党以来重要文献选编（1921—1949）（第十五册）[M]．中央文献出版社，2011：第 775 页．

导下，中央统战部围绕党的中心工作和任务，积极探索，努力工作，为中国共产党领导的抗日民族统一战线和人民民主统一战线的巩固、发展和壮大，为夺取抗日战争的伟大胜利和解放战争决定性胜利做出了贡献，为中国共产党领导的统战事业的发展奠定了深厚的基础。

中央社会部

　　中共中央社会部于 1939 年 10 月在延安成立，由原中央保卫委员会与中央地区工作委员会合并组成（对外仍使用"中央地区工作委员会"称谓），部长先后为康生、李克农，曾兼中央情报部。中央社会部下设

李克农在延安

机构主要包括：一室（主管情报工作）、二室（主管保卫工作）、三室（主管干部工作等）、书报简讯社、共产国际远东情报局驻延安联络小组等。全民族抗战爆发后，国共两党尽管再度携手合作，但国民党顽固派不断掀起反共高潮。1939年1月，国民党五届五中全会制定了"溶共、防共、限共、反共"的方针，其后通过《防制异党活动办法》等一系列反共文件。为保证对锄奸反特工作的正确组织领导，1939年2月18日，中央书记处通过《关于成立社会部的决定》，决定在党的高级组织内部成立社会部，任务是有系统地与敌探汉奸做斗争，防止敌探汉奸混入党内，保证党的政治军事任务的执行和党组织的巩固；充分利用敌人的弱点，打入敌人内部保卫自己；搜集敌探汉奸奸细阴谋破坏活动的材料；管理机要部门的工作，保障秘密工作的执行；选择和教育情报保卫工作的干部。中央社会部是中共中央的最高保卫组织和锄奸保卫的高级领导机关，主要担负中央机关的锄奸保卫任务，同时负责陕甘宁边区和敌后抗日根据地的锄奸保卫工作，领导方式是通过发布关于锄奸保卫的指示和命令，指导监督各级锄奸工作。中央社会部是中共中央情报保卫工作的领导指挥机关，是隐蔽战线的指挥中枢，见证了党的隐蔽战线工作走过的辉煌战斗历程，为保卫党中央的安全，夺取抗日战争、解放战争和世界反法西斯战争的胜利做出了特殊贡献。

中央宣传委员会

　　中央宣传委员会是抗日战争后期中共中央设立的协助中央政治局和书记处管理宣传和文化、教育工作的机构，七大后未再设置。1943年3月16日至20日，中共中央在延安举行政治局会议，讨论中央机构调整与精简问题。3月16日，任弼时在政治局报告中指出：现在中央机构比较分散，需要实行统一和集中，拟定在中央政治局下面分设组织和宣传两个委员会作为中央的助手。3月20日，

王稼祥在延安

会议通过了《关于中央机构调整及精简的决定》，重新明确了政治局和书记处以及下属各机构的权限。决定设立中央宣传委员会，作为中央政治局和中央书记处的助理机关。中央宣传委员会由毛泽东、王稼祥、博古、凯丰4人组成，毛泽东任书记，王稼祥任副书记（实际负责），胡乔木任秘书。中央宣传委员会统管中央宣传部、解放日报社、中央党校、文委、出版局、新华社等。其任务与权限是"统一和集中有关宣传教育方面事业的管理，研究宣传教育方面的各种具体政策，分别向政治局、书记处提供有关宣传教育政策的提案与意见。对于宣传教育日常性质的问题有权做出决定，交由所管辖之各部委执行之。已决定之问题，须向书记处作通知"。[①] 中央宣传委员会每周（或每两周）召开例会一次，必要时召开临时会议。设立宣传委员会的目的是为了使中央机构更加简便灵活，事权更加集中统一，增强领导工作的效能，加强中央书记处的领导。

---

① 中共中央文献研究室，中央档案馆编．建党以来重要文献选编（1921—1949）（第二十册）[M]．中央文献出版社．2011：第171页．

中央组织委员会

　　中央组织委员会是抗日战争后期中共中央设立的协助中央政治局和书记处管理党务的机构，七大后未再设置。1943 年 3 月 16 日至 20 日，中共中央在延安举行政治局会议，会议主要内容是讨论中央机构调整与精简问题。3 月 20 日，会议通过了《关于中央机构调整及精简的决定》，中央组织委员会由刘少奇、王稼祥、康生、陈云、

刘少奇在七大做报告

杨尚昆在延安

洛甫、邓发、杨尚昆、任弼时 8 人组成，由刘少奇任书记，杨尚昆兼任秘书，每周（或每两周）召集例会一次，必要时召集临时会议。

中央组织委员会统管中央组织部（包括中央党务委员会）、统一战线部、民运工作委员会、中央研究局、海外工作委员会等。其任务与权限是"统一和集中党的组织工作（政民在内）和根据地、大后方、敌后方党的各种政策（政民在内）的管理，经常研究上述各种政策，分别性质向政治局、书记处提供有关政策和组织工作的提案与意见。对于日常性质的问题有权做出决定，交由所管辖之各部委执行之。已决定之问题，须向书记处作通知"。[①] 中央组织委员会每周（或每两周）召开例会一次，必要时召开临时会议。设立组织委员会的目的是为了使中央机构更加简便灵活，事权更加集中统一，增强中央的领导效能。

---

① 中共中央文献研究室，中央档案馆编.建党以来重要文献选编（1921—1949）（第二十册）[M].中央文献出版社，2011：第 172 页.

中央党报委员会

　　中共中央党报委员会是第一次和第二次国内革命战争时期以及抗日战争时期中国共产党中央专门领导党报的机构。1924年5月首次成立,初名"中共中央机关报编辑委员会",主任为蔡和森,其职能是主持中央一切机关报的工作。中共四大后设立中共中央教育宣传委员会,主任仍为蔡和森。中共五大后设立中共中央党报委员会,书记瞿秋白、张闻天。1929年6月,中共六届二中全会通过的《二中全会宣传工作决议案》指出:"应当将党报委员会与宣传部

蔡和森

延安时期的张闻天（左一）

在组织上划分清白。党报委员会在中央以政治局全体委员充当……
宣传部不能代替党报委员会。"① 红军长征到达陕北后，党报委员会
主任由博古兼任。中共中央于 1937 年进入延安后，中共中央非常重
视马列著作和党报党刊的出版发行工作，成立了由张闻天、周恩来、
王明等人组成的中央党报委员会，负责党报党刊的出版发行工作。
康生、王明、博古先后任中央党报委员会主任。1938 年四五月间改
组，统一领导杂志社、报、通讯社。在物质条件极为困难的条件下，
全党新闻出版通讯工作在数量和质量上都迅速发展。据不完全统计，
仅陕甘宁边区出版发行的报纸约有近百种，创办期刊 60 多种，其中
文艺期刊 20 多种。到 1945 年，新华社已由抗战初期的 20 多人发
展为 110 人。1947 年 3 月开始，中共中央转战陕北，新华社集通讯社、
中央机关报和广播电台三种职能为一身，成为中共中央指挥全国革
命斗争的重要工具。

---

① 王健英.中共中央机关历史演变考实（1921—1949）[M].中共党史出版 2005：第
137 页.

中共西北中央局

　　1935 年 11 月 3 日，中共中央政治局在甘泉下寺湾召开会议，讨论中央对外名义和组织分工等问题。毛泽东从当时的形势出发，提出对外暂不用中共中央和中央政府名义，待打破国民党军"围剿"后再定，得到与会者的同意。会议决定，对外使用中共西北中央局和中华苏维埃共和国中央政府西北办事处的名义，同时成立西北革

甘泉县下寺湾毛泽东旧居

命军事委员会。1935年11月3日，中共西北中央局成立（后改用"西北中央局"称谓），书记张闻天。中共西北中央局成立后，撤销了中共陕甘晋省委、中共驻北方代表派驻西北代表团。下辖中共陕北省委、中共陕甘省委、中共关中特委、中共神府特委和中共三边特委，1936年5月又设立中共陕甘宁省委。这个西北中央局并非中共中央派出机构，而是中共中央对外的暂用名称。

中共陕北省委

　　中共陕北省委是土地革命战争时期，中国共产党在陕北地区建立的地方领导机关。1935年10月，中共中央率红一方面军长征到达陕北，陕甘（西北）革命根据地的行政区划及领导机构亟须调整。1935年11月13日，中共陕北省委在瓦窑堡成立，以甘泉县下寺湾

瓦窑堡旧址

郭洪涛

以北的苏区为辖区。书记郭洪涛（1936年12月由马明方接任），组织部部长王达成，宣传部部长贾拓夫，军事部部长钟赤兵，妇女部部长白茜，秘书长马文瑞；省委机关设在瓦窑堡米粮山。1936年6月，瓦窑堡遭到国民党军的袭击，省委机关被迫向西转移到安塞县谭家营，后来又迁至延安县蟠龙镇。陕北省委成立后，先后管辖有三边特委、神府特委、陕东特委、关中特委以及佳县、吴堡、米西、绥德、清涧、靖边、新城、瓦窑堡、赤源、横山、安定、秀延、子长、延川、延水、延长、安塞、赤安、延安、甘洛、肤施、宜川、富县、韩城、澄城等县（市）委。全民族抗日战争爆发后，中共陕北省委撤销。

中共陕甘省委

中共陕甘省委是土地革命战争时期，中国共产党在陕甘地区建立的地方领导机关。中共中央到达陕甘革命根据地后，陕甘（西北）革命根据地的地位发生了历史性转变。为了适应革命斗争的需要，中共中央对根据地党政军群组织进行了调整和改建。1935年11月5日，中共陕甘省委在甘泉县下寺湾成立，以洛河川为界，将甘泉下寺湾

朱理治

以南的苏区作为中共陕甘省委辖区。省委下辖陕东特委和甘洛、肤施、红泉、宜川、韩城、澄城、富县、红宜（宜君）等县委或工委。年底，省委机关迁至富县套洞镇。书记朱理治，副书记兼组织部部长李富春，宣传部部长惠志明，白区工作部部长张策，军事部部长萧劲光，妇女部部长蔡畅，秘书长曹力如。1936年5月，中共中央撤销中共陕甘省委，其辖区大部划归中共陕北省委，小部划归新成立的中共陕甘宁省委。12月，中共中央恢复陕甘省委，李维汉为书记，张邦英为组织部部长，李华生为宣传部部长，杨一木为统战部部长，刘景范为军事部部长，刘锦茹为妇女部部长，申力生为秘书长，下辖淳耀、赤水、永红、甘洛、肤施、红泉、宜川、富县党的组织。1937年4月，中共中央再次撤销中共陕甘省委。陕甘省委存续期间，积极做好战勤保障工作，支援前线作战；大力加强地方武装建设，为巩固革命根据地创造条件；深入进行土地革命，使土地革命适应全国革命形势发展的需要。华池、庆北苏区人民在陕甘省委和省政府领导下，努力生产自救，迅速消除战争创伤，积极参军参战，大力支援前线，使根据地呈现出一派兴旺的景象。

中共神府特委

　　1935 年 10 月，中共中央和中央红军长征到达陕北后，为加强对陕甘（西北）苏区的领导，决定成立陕北、陕甘两个省委和关中、三边、神府三个特委，直属中央领导。11 月，中共中央政治局在检查讨论了神府工作之后，西北中央局写信给神府工委，决定派杨和亭任工委书记。翌年初，杨和亭、张汉武、张江全等人到达神府，在罗家塔召开神府工委扩大会议，正式成立中国共产党神府特派委员会，即神府特委，归西北中央局领导。1936 年 3 月，中央又派张秀山、刘明山、邓万祥等人到神府工作，并通知神府特委改由中共陕北省委领导。中共神府特委下辖神木、府谷、佳芦、佳北、榆林等县的党组织，先后由杨和亭、张秀山任书记。

杨和亭

张闻天率领的调查团成员在神府的合影

中共关中特委

　　1935 年 11 月，中共中央决定成立中共关中特委，以原陕甘边的苏区为辖区。1936 年 1 月，在原中共陕甘边南区区委的基础上正式成立了中共关中特委，贾拓夫任书记，组织部部长为唐洪澄，宣

贾拓夫

关中特（分）委旧址（位于今旬邑县马家堡村）

传部部长为张德生，军事部部长为江华。关中特委下辖淳耀、赤水、永红、新正、新宁等县的党组织，特委机关驻新正县（今甘肃省正宁县）三嘉塬南邑村。特区党委和政府大力加强各县游击队等地方武装建设，发展和整顿地方武装。1936年春，国民党军大举进犯，形势十分危急，根据中共中央决定，贾拓夫、江华等党政军领导干部和大部分武装力量转移到瓦窑堡。关中特委撤销。汪锋、习仲勋、张凤岐等人在旬邑县花家洞成立中共关中临时特委，领导当地斗争，汪锋任书记。1936年9月，中央决定习仲勋任关中特委书记。10月，中共关中特委改为关中分区党委，习仲勋任书记。

中共三边特委

　　"三边"指陕西省的定边、安边和靖边三地，与甘肃、宁夏、绥远毗邻，战略地位十分重要。1935年11月，中共中央决定组建中共三边特委，以定边、安边和靖边的苏区为辖区，谢维俊任特委

谢维俊

定边县

书记兼三边剿匪总指挥，副书记慕生桂（兼组织部部长），宣传部部长贾登榜，军事部部长刘景范。1935 年 11 月 27 日，谢维俊等 10 多名干部被杀害，使特委遭到破坏，停止工作。1936 年 10 月，中央重建三边特委，书记张德生（后为贾拓夫、李维汉、罗梓铭），组织部部长朱协辉，宣传部部长贺级三，军事部部长高岗，白区工作部部长秦力生，妇女部部长白茜，下辖安定县委、安边县委、赤安县委。

中共陕甘宁省委

  1936 年 5 月 17 日，为了配合红军西征，努力争取西北抗日力量的大联合，中共中央以陕西和甘肃、宁夏交界地区成立陕甘宁省委，李富春任书记，组织部部长罗梓铭，宣传部部长李一氓，军事部部

李富春

长萧劲光，白区工作部部长蔡畅，妇女部部长李学蓉，秘书长左觉农。成立之初，辖有定边、安边、赤安、华池、赤庆、环县、曲子、静宁、合水、固北、定环、盐池、豫旺、豫海等县的中共组织，省委机关设在吴起镇。7月，省委机关迁入甘肃境内曲子镇。1937年9月，中共陕甘宁省委撤销。

五人"党务委员会"

1935年10月19日，中共中央和中央红军到达陕甘（西北）苏区吴起镇，并立即着手制止和纠正苏区的错误"肃反"。11月初，中共中央西北局组成了审查错误"肃反"的五人党务委员会，成员为董必武（中央党务委员会书记、中华苏维埃共和国中央政府最高法院院长）、李维汉（中央组织部部长）、王首道（红军保卫局局长）、

瓦窑堡关押红军干部的窑洞

**中共西北中央局党务委员会关于戴季英聂鸿钧
二同志在陕甘区域肃反工作中所犯错误处分的决定**

过去在陕甘边区南区及红二十六军部队中有些负领导责任的同志，犯了右倾取消主义及对反革命派采取自由主义的态度的错误，以致反革命派得以进行有计划的活动，当时在地方党内及红色部队中进行严厉的肃反工作是必要的。但有些领导肃反工作的同志过分夸大了反革命之力量，而对革命力量估计不足，在反革命前表示恐慌，轻信犯人的口供，把许多只犯错误而汉犯罪的同志□□的同志逮捕起来，造成各地方党和部队内的恐怖现象。这种错误的主要责任，应由当时主持全部肃反工作的戴季英（当时的保卫局长）及在

中共西北中央局党务委员会关于戴季英、聂鸿钧二同志在陕甘区域"肃反"工作中所犯错误处分的决定

张云逸（军委代表）、郭洪涛，董必武为书记。11月7日，中央机关到达瓦窑堡，接管了中共陕甘晋省委保卫局。经过20多天的调查审理，五人党务委员会认为"左"倾教条主义的执行者所列举的刘志丹等人的"罪状"都不能成立。"所谓刘志丹执行'富农路线'，是指他在土改中，对地主不搞肉体消灭，给富农以生活出路；所谓'梢山主义'，是指他坚持农村割据，开展游击战争，不打大城市；所谓'投降主义'，是指他在统战工作中团结国民党中的进步人士，等等。"①显然，这些"罪状"只能说明刘志丹坚持了正确路线。中央随即释放了被冤屈的刘志丹等10多人，接着释放了所有被关押的

---

① 中央同意冯文彬、宋时轮同志关于西北红军历史问题座谈会的报告[J].党史资料征集通讯1986，1期.

任弼时"关于中央重新审查陕北'肃反'问题决定"的演说

人员。11月30日，中共中央组织部主持召开为刘志丹等人的平反大会，宣读了《西北中央局审查肃反工作的决定》，王首道代表党务委员会郑重宣布：刘志丹是无罪的，党中央决定为他分配工作；同时还宣布了中共中央对戴季英、聂鸿钧的处分决定。由于中共中央及时到达陕北并采取果断措施，经过五人党务委员会的努力工作，在很短的时间内制止了错误"肃反"，使刘志丹等一大批陕甘（西北）红军和根据地领导人幸免于难，陕甘（西北）革命根据地转危为安。

陕甘宁特（边）区党委

　　1937年4月，随着国共谈判的深入，陕甘宁革命根据地由苏维埃政权向特区政权转变的条件已日渐成熟。为了积极适应这一重大变动，并有效发挥党在陕甘宁区域的领导作用，中共中央决定在陕

高　岗

甘宁特区范围内，及时组建与其相适应的党的领导机构，并决定在陕北省委、陕甘宁省委和相关特委基础之上，以陕北当地干部为主组建新的陕甘宁特区委员会。5月1日，中共中央批准成立陕甘宁特区委员会，5月15日，中共陕甘宁特区第一次代表大会在延安召开。17日，新组建的陕甘宁特委举行第一次执行委员会，推选郭洪涛为书记，王观澜为副书记，执委会下设组织部、宣传部和统战部。特委机关驻地先设在延安市衙门西坡，后迁至小砭沟。为了使特区成为抗日的模范区，特区党委当时的主要任务是：加强文化教育工作；改善群众生活；改造群众组织；建立新的民主制度；同一切汉奸卖国贼的破坏捣乱、阴谋、暗算做坚决斗争；进行统一战线的工作，以扩大特区的影响。1937年9月，由于陕甘宁特区改称陕甘宁边区，特区委员会也相应地改称陕甘宁边区党委。1938年4月，中共中央决定高岗接替郭洪涛任中共陕甘宁边区委员会书记。

中共西北工作委员会

西北地区是全国抗战的后方基地，又是连接中共中央与共产国际、苏联的重要通道，在抗战中具有特殊而重要的地位。1938 年 11 月 30 日，为了加强党在西北国民党统治区的统一战线工作，更加广泛地动员和组织西北地区人民群众参加抗战，中共中央决定成

李维汉

立中共西北工作委员会，主持陕甘宁边区以外的陕西、甘肃、宁夏、青海、绥远等西北各省国统区党的秘密工作，简称西北工委，主任张闻天，秘书长李维汉，民族问题研究室主任刘春。西北工委在西北国民党统治区积极恢复和建立地方组织，并在抗日救亡运动中发展、培养积极分子，发展党员。中共陕西省委先后建立10个地(特、市、工)委，6个中心县委，40多个县(工)委。到1938年，党员发展到8000多人。战斗在国民党统治区的西北工委，充分利用一切公开合法的机会，大力开展群众工作，积极领导和推动抗日救亡运动。中共陕西省委领导的西北各界救国联合会、西安学生救国联合会等10多个抗日救亡团体，人数近4万。1941年4月16日，根据中共中央决定，西北工作委员会与陕甘宁边区中央局合并，成立中共中央西北局。

中共中央西北局

　　中共中央西北局是中共中央在西北地区的派出机构，是抗日战争、解放战争时期中国共产党在西北战略区党、政、军、群的最高领导机关。1940 年 9 月 11 日，为统一陕甘宁边区的党政军工作的领导，根据毛泽东的提议，中共中央政治局决定在原陕甘宁边区党委的基础上组成中共陕甘宁边区中央局，规定除军事活动须经中央军委主席毛泽东批准外，边区党政各部门工作和军队的日常工作都

高岗在延安

统一于边区中央局领导下。1941年5月，中共中央决定将陕甘宁边区中央局与原指导陕、甘、宁、青等省工作的中央西北工作委员会合并成立西北局，为边区最高领导机关，统一领导西北工作。由高岗任书记，谢觉哉为副书记。西北局办公地点起初在延安城北张崖，1942年9月迁往城南花石崖砭。1945年10月，高岗调任东北后，习仲勋主持西北局工作，1946年6月任书记，马明方任副书记。1942年西北局高干会后，西北局对边区的党组织进行了机构调整：中共陇东、三边分委分别改为陇东地委、三边地委；成立中共延属地方委员会、延属分区行政督察专员公署、延属军分区。各地委书

中共西北局书记习仲勋

记都兼任了警备司令部或军分区的政治委员。陕西国统区党的工作归关中地委，甘肃国统区党的工作归陇东地委，宁夏国统区党的工作归三边地委。在中共中央的直接领导下，西北局负责管理陕甘宁边区（包括伊克昭蒙地区）及陕、甘、宁、青、绥国民党统治区中国共产党的工作。西北局是执行党中央各项方针政策的模范，是实现党的一元化领导的典范，它对陕甘宁边区政治、经济、军事和文化建设做出了重大贡献，使陕甘宁边区成为新民主主义的模范试验区、新中国的雏形。1947 年 3 月，西北局机关撤离延安，转战陕北。1948 年 4 月延安光复后，西北局返回延安，驻王家坪。1949 年 5 月西安解放后，西北局于 6 月移驻西安。

中共西北局书记习仲勋和副书记马明方研究工作

中共中央西北局在延安花石崖砭旧址

赠给习仲勋同志

党的利益在第一位

毛泽东

一九四三年一月十四日

毛泽东给习仲勋同志题字

中共中央西北局纪念馆外景

中央少数民族工作委员会

中央少数民族工作委员会是中共中央专门负责少数民族工作的机关。中共中央到达陕北后，鉴于陕甘（西北）革命根据地与甘肃、宁夏、内蒙古等少数民族聚居区相连，十分重视西北地区的少数民族工作。1936 年 7 月 26 日，中共中央政治局常委会议讨论有关统一战线工作时，决定成立中央少数民族工作委员会，王稼祥、李维汉、杨尚昆、林育英、吴亮平、秦邦宪、张闻天为委员，由王稼祥任书记，负责西北地区的少数民族工作。把原来以蒙古族为对象的蒙古工作委员会和以回族为对象的定边工作委员会，改为蒙古工作部和回民工作部。作为中央领导民族工作、研究民族问题和管理民族事务的组织工作机构，中央少数民族工作委员会为推动和团结西北少数民族一致抗日，创办延安民族学院和各类干部学校，积极培养少数民族革命青年和民族工作的骨干、加强党的民族工作发挥了重要的组织保证作用。

延安民族学院学员在宝塔山下

中央党校

　　中共中央党校，简称中央党校，是中共中央主办的、专门负责培训中国共产党的高、中级领导干部的学校。中共中央党校的前身是 1933 年 3 月创办于中央革命根据地瑞金的马克思共产主义学校，校长先后为张闻天、李维汉。红军长征时，该校教员和学员都编入

延安小沟坪中央党校旧址

中央军委第二纵队的干部团。党中央到达陕北时，中央党校校长为董必武。1935年11月，中央在瓦窑堡恢复办学。1937年2月19日，中央党校进驻延安，进入比较平稳的发展阶段。延安时期的中央党校在中国共产党党校发展史上占有特殊的重要地位。1943年3月至1947年3月，毛泽东兼任中央党校校长，制定了"实事求是、不尚空谈"的校训，并主持对中央党校进行三次改组，对党校教学进行全方位改革，强调理论联系实际的教学方针围绕党的政治路线进行课程设置，在教学方法上主要采取自学为主、集体讨论，并将中共七大代表安排进校学习。延安整风中，中央党校作为高中级干部的集聚地，成为整风运动的"试验田"和"大本营"，[①]其独特的办学道路与经验，在党的历史上书写了光辉的一页。

中央党校学员听取整风报告

① 谌玉梅，罗平汉.延安时期中央党校[M].陕西人民出版社，2014：86页.

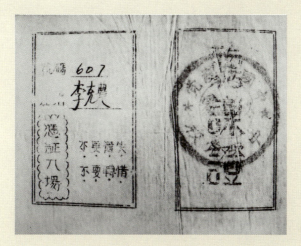

李克农在中央党校的听课证

中央党校学员召开民主生活会，开展批评与自我批评

马列学院

　　延安马克思列宁学院（简称"马列学院"）是抗日战争时期中共中央创办的以学习、研究马克思列宁主义基本理论为重点的干部学院。为了提高全党的马克思列宁主义理论水平，加强对马列主义的学习和研究，1938 年 5 月 5 日，在马克思诞辰 120 周年纪念日，中共中央在延安成立马克思列宁主义学院，地址设在延安北郊同杨家岭隔延河相望的兰家坪。院长由党中央负责人张闻天兼任，副院长王学文。党政主要工作人员有张启龙、邓力群、朱光、章夷白、柯柏年、汪涛江等。学院从 1938 年 5 月开办起到 1941 年 5 月改组

延安北郊兰家坪马列学院旧址

刘少奇撰写《论共产党员的修养》，在马列学院演讲

时，共招收过 5 个班即 5 期学员，加上为准备参加党的七大代表专
门开设的两个班 100 多人，前后共招收学员约八九百人。学员基本
由两部分构成：一部分是参加革命战争多年，或在国民党统治区做
过多年地下工作的老干部，其中不乏战功卓著的红军指挥员和久经
考验的地下党的领导人；另一部分则是"一二·九"运动后入党的
知识青年，这部分人在入学之前，绝大多数都先经过抗大、陕北公学、
中组部训练所以及中央党校的短期培训。

马列学院的教育方针，就是坚持用马克思主义的基本理论和中国革命的实践经验来教育干部，注重党的基本理论和基本政策的训练，强调学习马克思主义的立场、观点和方法，学习用马克思主义的观点去观察、分析和解决问题。学院开设的课程主要有政治经济学、哲学、马列主义基本问题、党的建设、中国现代革命运动史、西洋革命史等。在教学和研究中，学院强调重视学习和研究毛泽东等中央领导同志的报告和著作。毛泽东、张闻天、周恩来、朱德、刘少奇、陈云等中央领导同志经常来学院讲课或做专题讲演。刘少奇《论共产党员的修养》、陈云《怎样做一个共产党员》，都是给马列学院学员做的报告。毛泽东这一时期的重要文章，马列学院都要组织学员认真学习和讨论。延安马列学院是中国共产党创建的第一所攻读马列主义理论的比较正规的学校，对提高党的理论水平作出了很大贡献；它培养了一批具有马列主义基础知识的干部，为中央研究院的建立提供了条件。1941年5月，马列学院改组为马列研究院。7月，改组为中共中央研究院。1943年5月，研究院并入中共中央党校，为该校的第三部。

新华通讯社

    新华通讯社的前身是红色中华通讯社，简称红中社，1931 年 11 月 7 日在江西瑞金成立。1937 年 1 月，红中社随中共中央领导机关迁驻延安。为适应新形势的发展，根据中共中央决定，红中社改名为新中华社，简称新华社，博古兼社长。新华通讯社建立之初，报道的范围只限于陕甘宁边区。抗日战争全面爆发后，新华通讯社的

延安新闻机关所在地——清凉山全景

新华社编辑在延安的窑洞里工作

新华社工作人员在延安清凉山的窑洞前合影

新华社社长廖承志

报道范围开始从陕甘宁边区扩大到各抗日根据地。抗日战争时期，新华社在华北、晋绥、晋察冀、山东、华中各抗日民主根据地相继成立分社，在宣传中国共产党的路线方针和政策、报道中国人民英勇抗战的事迹和巨大贡献、反映陕甘宁边区和各抗日民主根据地的建设成就方面做出了重要贡献。1944 年 9 月 1 日，新华社开办了对国外英语广播。由于敌人的分割封锁，新华社成为抗日民主根据地对外发布新闻的唯一渠道。1946 年 5 月，新华社总社改组机构，同时向各主要战场派出随军记者或记者团。之后又在中国人民解放军各野战部队陆续建立前线分社和野战军总分社，在各兵团和军建立分社和支社。1947 年 3 月，中共中央机关撤离延安，新华社留下小部分人员组成工作队，跟随毛泽东、周恩来等领导人转战陕北；大部分人员转移到河北省涉县坚持工作。由于《解放日报》停刊，新华社集通讯社、中央机关报和广播电台三种职能于一身，成为党中央指挥全国革命斗争的重要工具。

延安新华广播电台

　　延安新华广播电台的建立宣告了中国人民广播事业的诞生，也是边区新闻事业发展的重要标志之一。1940 年 3 月，周恩来从苏联带回了一部以共产国际名义援助中共的苏制广播发射机，功率为 10 千瓦，为创建广播电台奠定了基础。中共中央随即决定筹建广播电台，组成了以周恩来为主任的广播委员会，由中央军委总参谋部三局九分队承担具体建台任务。5 月，周恩来离开延安赴重庆领导南方局工作以后，由朱德主持筹建工作，王诤直接领导。经过半年的

延安新华广播电台在王皮湾的旧址原貌

王皮湾延安新华广播电台旧址

努力，终于在延安西北 50 多里的王皮湾村的山沟里，完成了建台任务，并于 1940 年 12 月 30 日正式试播，呼号为 XNCR。"X"是当时国际规定的中国无线电台呼号的英文字母，"NCR"是英语 New Chinese Radio 即"新华广播电台"的缩写。新华广播电台隶属新华通讯社，稿件由新华社广播科编辑。新华广播电台立足解放区，面向全国人民进行宣传。播出的内容以新闻和评论为主，先后办有"解放区介绍""解放区政策""对国民党军广播"等专题节目，包括中共中央重要文件、命令，《解放》周刊和《解放日报》的重要文章社论，国际国内的时事新闻，还有革命故事、名人讲演、科学知识等。另外还办有文艺节目，播唱抗日进步歌曲、戏曲。新华广播电台每周广播三次，每次广播是在当日的下午和晚上，同时用汉语和日语各广播一次。1947 年 9 月还开办了英语新闻节目。在语言广播的同时，用国际通码向世界各国播发新华通讯社电讯。由

中共中央转战陕北时，设在子长市瓦窑堡好坪沟小庙的新华广播电台坚持对国内外播音

于新闻报道真实，评论富有战斗性和说服力，加上解放区其他广播
电台的转播，使延安新华广播电台在国内外拥有广泛的听众，并享
有很高的声誉。延安台的开播，打破了国民党和日伪的新闻封锁，
在解放区和国统区、沦陷区之间架起了一座空中桥梁，成为我党"与

敌伪展开空间宣传战"的最新的重要武器，被国民党统治区的听众称为"茫茫黑夜中的灯塔"。1943 年春，因电子管损坏而暂停播音，1945 年 8 月中旬，在抗战胜利的欢呼声中恢复播音，这一天播出的是朱德向各解放区武装部队发布的对日寇全面大反攻的进军命令。延安新华广播电台台址先后设在延安盐店子、清凉山。解放战争时期，1947 年 3 月中旬撤出延安迁至子长县瓦窑堡继续播音，于 3 月 21 日起改称陕北新华广播电台。此后，随着战局形势的发展，曾先后转移到太行山麓河北省涉县、滹沱河畔平山县继续播音。延安新华广播电台的创办和开播，在中共新闻宣传史上留下了光辉的一页。12 月 30 日现为中国人民广播事业创建纪念日。

延安新华广播电台旧址

东干队

　　全国抗战爆发后，中共中央在巩固发展各敌后抗日根据地的同时，十分重视对东北的工作。中共中央书记处于 1939 年 1 月 26 日召开会议，听取了关于东北抗日联军问题的报告，为了加强对东北工作的领导，决定成立中共中央东北工作委员会，成员有王明、康生、杨松、李范五（张松）、李延禄（杨明）、刘澜波、钟子云等，王

1939 年，东干和战斗两篮球队的队员们与晋西北首长合影

抗战时期的张学思（左一）

明为主任，杨松负责召集会议。1939年4月，中共中央决定成立东北干部队（简称"东干队"），并确定由周恩来直接领导，具体工作由东工委刘澜波和在马列学院学习的张学思负责。抗大总校挺进太行山后，延安新组成抗大三分校。东干队编为抗大三分校的直属二队。6月，由在抗大二队任队长兼军事教员的高存信（东北爱国人士高崇民之子）任队长，罗文为副队长，长征干部张炽昌、徐健生先后任政治指导员，以加强了东干队的组织建设和政治思想建设。东干队的学员全国各地都有，还有几位朝鲜同志，大多来自东北，有的是在东北军工作过，有的是东北大学、东北中学和东北中山中学的学生。开学时全队共有72名学员，陆续增加到80多人。拟在抗大三分校学习6个月即到冀东组建游击队，待机挺进东北。军事方面重点学习游击战术、军事辩证法，毛主席的《论持久战》《抗日游击战争的战略问题》等。政治方面主要是学习《社会科学概论》《列宁主义问题》。在学习方法上，强调理论和实际相结合的原则。1939年底，因敌后形势的原因，确定延长学习时间，又制定了半年学习计划。

1939 年 9 月，张学思从马列学院毕业回东干队任队长，高存信改任军事教员（后任政治指导员）。东干队通过在抗大三分校的这座革命熔炉里生活、学习一年多，不仅在军事、政治理论方面打下了一定基础，特别是增强了党性，树立了共产主义事业必胜的坚强信念和为党的事业而牺牲奋斗的决心，被抗大三分校评为模范队。1940 年 9 月 14 日，东干队告别延安，挺进敌后共 87 人，编为 3 个区队和 9 个班，副队长罗文，区队长是史存真（林干）、杨国治、王军。经过清涧时，适逢 9 月 18，全队开了纪念会，鼓动学员挺进东北。到达晋察冀根据地时，由于情况变化，中央决定东干队先留在冀中军区分配工作。抗战胜利后，大部分挺进到冰天雪地的东北，实现了他们收复东北、打回老家去的夙愿。

中国人民抗日军事政治大学的成立及发展

    中国人民抗日军事政治大学，是中央红军到达陕北后最早创办的一所专门培养抗日军政干部的学校，简称抗大。抗日战争时期，它是中国共产党领导的人民军队的最高军事学府。抗大的前身是1931年11月中共中央在江西瑞金创办的中央军事政治学校，由原闽粤赣边的彭杨红军学校第三分校、红一方面军教导总队合编而成。先后改称为中国工农红军学校、中国工农红军大学等。1936年6月1日，中革军委决定以红军大学为基础，在瓦窑堡组建中国人民抗日红军大学。12月2日，红二、四方面军的红军大学与抗日红军大学合并，仍称中国人民抗日红军大学。1937年1月19日，改名为

延安抗大总校校门

朱德（托球者）与抗大学
员一起打排球

中国人民抗日军事政治大学。1月21日，抗大成立教育委员会，毛泽东兼任抗大教育委员会主席，委员有林彪、刘伯承、傅钟、罗瑞卿、刘亚楼、杨立三、莫文骅。抗大办校10年间，坚持以"坚定正确的政治方向，艰苦朴素的工作作风、机动灵活的战略战术"为教育方针，以"团结、紧张、严肃、活泼"为校风，以"理论联系实际""少而精""教育与生产劳动相结合"为教学方法，以注重思想政治教育为教育内容，成为全国人民心目中的抗战堡垒和爱国青年向往的革命熔炉。为了适应抗战形势的需要，抗大总校曾数易校址，先后在陕北瓦窑堡、保安（今志丹）、延安、山西武乡蟠龙镇、黎城西井镇、河北邢台浆水镇和陕北绥德等地坚持办学八期。战争进入战略相持阶段，中共中央决定改变抗日军政大学的建制，把抗大分散到各抗日根据地，到敌后办学。抗大总校挺进敌后，相继在陕北、华北和华中抗日根据地创办了10多所抗大分校，5所陆军中学，1所附属中学，培养造就了10余万名德才兼备的抗日军政干部。对坚持持久抗战，争取抗日战争的最后胜利，做出了重要贡献。1945年10月16日，抗大总校根据中央军委命令，挺进东北建立了东北军政大学，抗大随之完成了伟大光荣的历史使命。

坚定正确的政治方向，
艰苦朴素的工作作风，
灵活机动的战略战术。
团结、紧张、严肃、活泼。

毛泽东为抗大总校题写
的校训

抗大领章

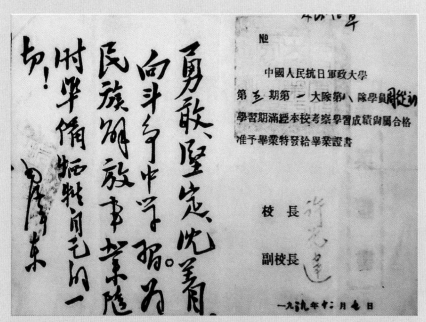

抗大毕业证书

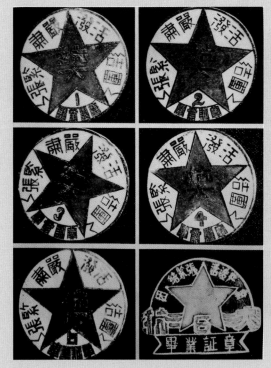

抗大毕业证章

1939 年 5 月，毛泽东在抗大
成立三周年纪念大会上讲话

抗大学员在进行军事演习

抗大学员在听报告

抗大毕业学员奔赴敌后抗日前线

陕北公学

　　陕北公学是一所统一战线性质的学校，是全国抗战时期中共中央在延安创办的培养抗日军政干部的学校，简称陕公。抗战爆发后，大批进步青年学生从各地奔赴延安参加革命，为了适应培养抗战人才的需要，中共中央于1937年以陕甘宁边区政府的名义向南京国民政府提出在延安地区创办陕北大学的申请。国民党政府以"陕北已

陕北公学旧址

陕北公学师生自己动手修建的礼堂

有抗日军政大学，无需再成立高校"为由拒绝了这一要求。①中共中央遂决定与上海左翼进步人士合办，以私立性质为宜，经费以向社会私募为主。因情况变化，最终决定独立自主办学。1937 年 7 月底，中共中央委托林伯渠、吴玉章、董必武、徐特立、成仿吾、张云逸等人筹办陕北公学，并委派组织部副部长李富春直接领导此项工作。陕北公学 1937 年 8 月开始招生，11 月 1 日开学，校长成仿吾，副校长李维汉。校址在延安清凉山南麓。根据中共中央的指示，陕北公学的主要任务是以短期培训干部为主，重点培养抗日军政干部。1938 年 7 月 7 日，中共中央决定在关中旬邑县开办陕北公学分校。1939 年 2 月，总校迁至看花宫合并办学。主要任务是办大学部，培养行政、命运及文化工作高级干部。1939 年 7 月，根据中共中央《关于抗大陕公等学校迁到晋东南的决定》，由陕北公学本校、抗日军

---

① 《延安大学史》编委会.延安大学史［M］.人民出版社，2008:第 27 页.

陕北公学学员参加集会

政大学本校以及华北联合大学共 5000 余人合编为八路军第五纵队，罗瑞卿任司令员兼政委，成仿吾任副司令员，率队挺进晋东南根据地办学。1939 年冬，为了培养更多的抗日军政干部，中共中央决定在延安恢复陕北公学，又称"后期陕公"，校长李维汉。1940 年，陕公改变学制，成立师范和社会科学部，分别培养师资、教育行政干部和民运干部。1941 年 8 月底，中共中央决定在延安开办大学，将后期陕北公学、中国女子大学、泽东青年干部学校合并成延安大学。陕公前后办学近四年，培养了大批抗日军政干部，为抗日战争的胜利做出了重要贡献。

陕公校长成仿吾（后排右三）与部分教员合影

党政联席会议

　　延安时代加强党的一元化领导、探索抗日民主政权执政方式的一种形式。抗日战争进入相持阶段后，敌后抗战进入最困难的时期。随着中国共产党局部执政区域的扩大，如何既坚持中共一元化领导、又充分发挥"三三制"抗日民主政权的作用，需要探索新的执政方式。实行"三三制"较早是陕甘宁边区，在实践中取得了一系列成功经验，以党政联席会议的方式，具体推动边区政府的工作，就是其中

延安县委书记王丕年、县长刘秉温与延属分区领导合影

的一种方式。党政联席会议即县委书记和县长的联席会议，其主要任务是推动边区的各项工作。陕甘宁边区政府成立后，最重要、规模最大的一次党政联席会议，是 1940 年 3 月 2 日至 17 日在延安召开陕甘宁边区党政联席会议。会议由边区党委和边区政府联合召集，出席会议的代表是边区党委和政府的负责人、各分区党委书记和行政专员、各县委书记和县长等。边区政府主席林伯渠在会上做了《关于新民主主义政治与经济建设》等报告。会议着重总结了完成征粮和扩军任务的经验教训。实行党政联席会议的方式，丰富了在一元化领导下如何实现党对政府领导的领导方式和工作方法，是中共对坚持党的领导、执掌政权实践的有益探索。

三大优良作风

　　三大优良作风，即"理论实践相结合的作风，和人民群众紧密地联系在一起的作风以及自我批评的作风"。[①]由毛泽东在1945年4月24日中国共产党第七次全国代表大会上的政治报告《论联合政府》中提出的，它根源于中国共产党的指导思想，形成于中国共产党的革命实践。三大作风是中国共产党在长期革命斗争中形成的一整套优良作风的突出表现，是中国共产党区别于任何其他政党的显著标志。理论和实践相结合，就是把马克思主义的普遍原理同中国革命的具体实践结合起来，反对教条主义和主观主义；群众路线，就是全心全意地为人民服务，一刻也不脱离群众，一切从人民的利益出发，从群众中来到群众中去；批评和自我批评，就是从团结的愿望出发，对自己和别人的缺点错误，进行认真的实事求是的批评，以克服党员队伍中的非无产阶级思想。毛泽东总结的中国共产党的三大作风，是辩证唯物主义和历史唯物主义的科学世界观在党风上的体现，对中国共产党的建设，有着极为重要的指导意义，是对马克思主义党的建设学说的重要贡献。三大作风的提出及其在全党的普遍树立，保证了党领导全国人民从胜利走向胜利。

[①] 毛泽东选集：第3卷[M].人民出版，1991：第1094页.

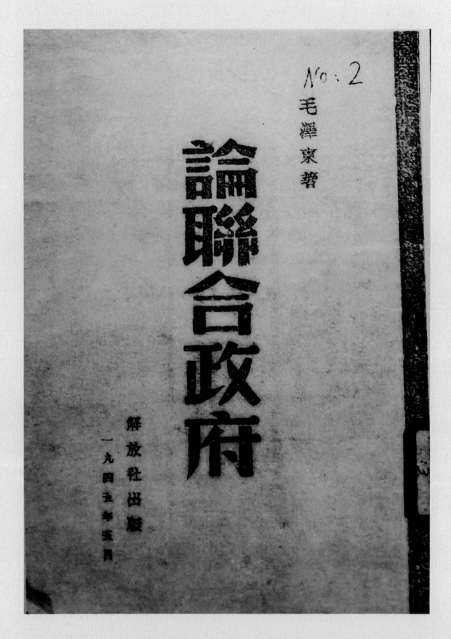

毛泽东在中共七大所做《论联合政府》的政治报告

三大法宝

　　三大法宝是党的建设的成功经验和基本规律。1939年7月9日，毛泽东给陕北公学即将开赴华北抗日前线的同学讲话，当场发表了即席演讲。他援引中国古典小说《封神演义》中的故事说：当年姜子牙下昆仑山，元始天尊送给他杏黄旗、番天印、打神鞭三件宝物，姜子牙用这三件法宝打败了所有的敌人。今天你们也要下山了，要去前线跟日本侵略者作战，我也送给同学们三个法宝：统一战线、游击战争和革命中心的团结。这是毛泽东关于党的"三大法宝"的最初表述。1939年10月4日，毛泽东在《〈共产党人〉发刊词》中指出："十八年的经验，已使我们懂得：统一战线、武装斗争、党的建设，是中国共产党在中国革命中战胜敌人的三个法宝，三个主要的法宝。"[①]抗日战争进入相持阶段后，中国共产党正确分析国内国际的复杂形势，领导敌后游击战争取得了巨大发展，建立了多块抗日根据地。为了在思想上、政治上、组织上全面提高党的领导水平，中共中央决定出版党内刊物《共产党人》，毛泽东在发刊词中，总结党的建设的历史经验，提出了中国共产党在中国革命中战胜敌人的三大法宝。统一战线就是无产阶级如何组织和领导同盟军的问题，它是无产阶级组织浩浩荡荡的革命大军，向一切敌人发动进攻的有力武器；武装斗争是中国革命的主要特点和形式；党的建设是

---

① 毛泽东选集：第2卷［M］.人民出版社，1991：第606页.

党实现对中国革命领导的根本保证。统一战线是实行武装斗争的统一战线，只有以武装斗争为主要支柱，统一战线才能存在和发展。武装斗争必须以统一战线为基础，才能发展壮大。统一战线和武装斗争则是党所掌握的两个武器，这两个武器只有在共产党的领导下，才能发挥其作用。因此，党的建设是三大法宝的中心环节。毛泽东关于三大法宝的理论，丰富和发展了马克思列宁主义关于无产阶级政党领导人民革命的理论和策略，是毛泽东思想突出的创造性的贡献，是毛泽东对马克思列宁主义理论宝库的一个杰出贡献。

毛泽东在延安做报告

"窑洞对"

1945 年 7 月 1 日，国民参政会褚辅成、黄炎培、冷遹、傅斯年、左舜生、章伯钧 6 位参政员乘飞机抵达延安，与中共领导人商谈国是。在连续几天与黄炎培等人的交谈中，有一次，毛泽东问黄炎培

1945 年 7 月 1 日，毛泽东到机场欢迎从重庆到延安的六位国民参政会参政员，毛泽东（右一）、黄炎培（右二）

的感想怎样，黄炎培说：我生六十多年，耳闻的不说，所亲眼看到的，真所谓"其兴也勃焉"，"其亡也忽焉"，一人、一家、一团体、一地方，乃至一国，不少单位都没有能跳出这周期律的支配力。一部历史，"政怠宦成"的也有，"人亡政息"的也有，"求荣取辱"的也有，总之没有能跳出这周期律。中共诸君从过去到现在，我略略了解的了，就是希望找出一条新路，来跳出这周期率的支配。毛泽东说：我们已经找到新路，我们能跳出这周期律。这条新路，就是民主。只有让人民来监督政府，政府才不敢松懈。只有人人起来负责，才不会人亡政息。①毛泽东提出的破解历史周期率的民主新路，凝结着对我国封建王朝兴衰更替规律的深刻借鉴，凝结着对人心向背和永葆党的先进性、纯洁性的深刻思考，也是对党的奋斗历程和实践经验的深刻总结。黄炎培回重庆后，写成《延安归来》一书，写下了自己对毛泽东答话的感想："我想：这话是对的。只有大政方针决之于公众，个人功业欲才不会发生。只有把每一地方的事，公之于每一地方的人，才能使地地得人，人人得事，用民主来打破这个周期律，怕是有效的。"《延安归来》宣传了陕甘宁边区的成就和同毛泽东的谈话，印行十几万册，在大后方、香港和沦陷区都产生了巨大的政治影响。毛泽东与黄炎培的这次谈话，成为历史上著名的"窑洞对"。

　　延安时代，还有另外一个"毛甘版"的"窑洞对"，即毛泽东在重庆谈判时，在《新华日报》发表的答路透社记者甘贝尔问。1945 年 9 月，英国路透社驻重庆记者甘贝尔书面提出 12 个问题，请因国共两党谈判逗留重庆的中国共产党中央委员会主席毛泽东回

---

① 中共中央文献研究室编.毛泽东年谱（1893—1949）修订本（中）［M］.中央文献出版，2011：610-611 页.

毛泽东与黄炎培亲切交谈

答。甘贝尔提的第十问是，中共对"自由民主的中国"的概念及界说为何？毛泽东回答道："'自由民主的中国'将是这样一个国家，它的各级政府直至中央政府都是由普遍、平等、无记名的选举所产生，并向选举它的人民负责。它将实现孙中山先生的三民主义，林肯的民有、民治、民享的原则与罗斯福的四大自由。它将保证国家的独立、团结、统一以及与各民主强国的合作。"[①]毛泽东不仅阐述了民主政治的目标、价值，而且列出了路径与措施。这次谈话争得了政治的主动，赢得了舆论的同情，从而为取得人民解放战争的胜利奠定了基础。这次答问虽非在窑洞中进行，但也属于延安时期的毛泽东思想。

① 毛泽东文集：第4卷［M］.人民出版社，1996：第27页.

黄克功事件

　　全国抗战爆发不久，抗大第六队队长黄克功逼婚不成、开枪打死刘茜一案震动了整个延安。1937年10月12日，经陕甘宁边区高等法院判决死刑立即执行，这件事被称为"黄克功事件"。黄克功参加过井冈山的反"围剿"斗争，长征中任红一军团四师十一团政委，为革命出生入死，屡建战功。刘茜，原名董秋月，思想进步，七七

黄克功

刘　茜

毛泽东给雷经天的信

事变后，刘茜由太原奔赴延安，进入抗大第三期第二大队第十五队学习。其间，刘茜与担任第十五队队长的黄克功建立了恋爱关系。陕北公学成立后，所有抗大第十五队全体人员拨归陕北公学。但不几日，黄克功仍被调回抗大转任抗大第三期第六队队长，刘茜留在陕公学习，两人关系逐渐疏远。黄克功送钱送物，一再纠缠，要求结婚。刘茜产生反感，不愿结婚，亦不答复。黄克功认为失恋是人生莫大的耻辱，不能自拔，于1937年10月5日晚饭后与刘茜在延河边谈话，刘茜明确拒绝结婚要求。黄克功失去理智，枪杀刘茜。黄克功被捕认罪后，也曾幻想党和边区政府会因他资格老和功劳大对他从轻处罚；大多数人认为他杀害革命同志，应处极刑，也有人认为国难当头，可以戴罪立功，将功赎罪。10月11日，边区高等法院在延安城北门外陕北公学大操场召开公审大会。抗大政治部副主任胡耀邦、边区保安处王佐超（曾用名黄佐超）、边区高等法院检察官徐时奎为公诉人，由边区高等法院审判长雷经天和抗大、陕北公学群众选出的代表李培南、周一明、王惠之、沈新发等4位陪审员以及书记员任扶中共同组成审判庭，按照严格的公审程序进行审判，最终判决对黄克功处以死刑，立刻执行。审判长雷经天当着黄克功及到会群众，宣读了毛泽东为此案给他的复信，随即将黄克功处决。毛泽东强调："共产党与红军，对于自己的党员与红军成员不能不执行比较一般平民更加严格的纪律。"[①]边区广大军民对高等法院的判决一致表示坚决拥护，并从黄克功由人民功臣堕落为人民罪人的教训中受到深刻教育。

雷经天

---

① 毛泽东文集：第2卷［M］.人民出版社，1993：第39页.

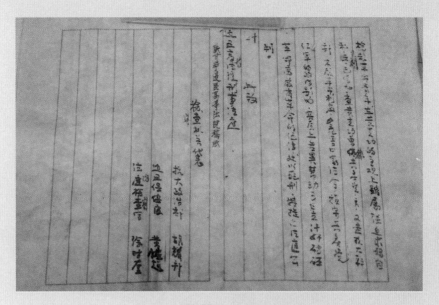

起诉"黄克功案"的公诉书

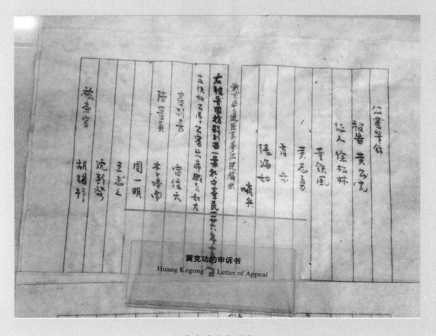

黄克功的申诉书

Huang Kegong's Letter of Appeal

黄克功的申诉书

陕甘宁边区高等法院旧址

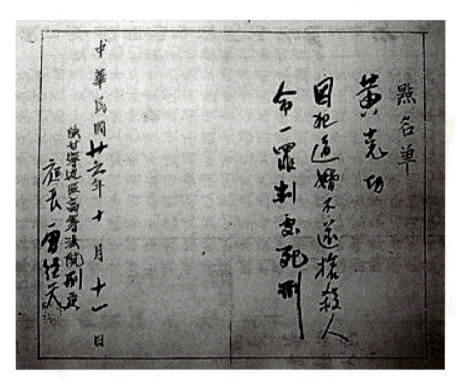

边区高等法院执行死刑命令的点名单

刘力功事件

  开除刘力功党籍的事件是延安时代严明党的纪律的典型案例。刘力功是一名由国统区奔赴延安的知识分子，1938 年加入中国共产党，在抗大毕业后又进入延安党校训练班学习。1939 年毕业时，组织根据他的学习表现，考虑到他是没有工作经验的新党员，决定让他到华北基层去锻炼。但刘力功坚持要进马列学院或回原籍工作。

延安时期的陈云

為什麼要開除劉力功的黨籍

劉力功去年加入了共產黨，並且在抗大畢業以後又進了黨的訓練班畢業過程中的鑑定：非常自高自大，有不少的缺點。黨模範在學習過程中的鑑定：非常自高自大，有不少的缺點。黨模範在學習時，黨告訴他工作無經驗的新黨員。因此黨決定他到下層工作去鍛鍊。在分配工作時，黨告訴他黨部的意見，劉力功堅持要進馬列學院或因原籍圍貝工作（陝延安很近），否則就退出黨。劉力功為新黨員，曾經與他談過七次（包括馬列學院或因原籍圍貝工作），否則就退出黨。劉力功為新黨員，曾經與他談過七次，在第一次談話中他聲明了退出黨的比較高貴的學校，不能接收像劉力功只是滿足了他的家庭觀念，非但不能到當地工作有實助而且有害於事。最後一次談話中黨岂許他「個人服從組織」是黨的紀律，不論你到華北去作下層工作是黨的決定，任何黨員都必須服從黨的決定，實際上他也取了一組織原明退也「決定」。他卻還是要求黨接受他的意見，幾天以後，他聲明願則服從組織，但是又提出個人的條件，一定要到八路軍總司令部工作，黨不問他其他的意見，那時他就乾脆的拒絕了執行黨的決不問他其他的意見，那時他就乾脆的拒絕了執行黨的決定。

因此中央黨務委員會認為當已盡了最大的說服教育的工作，兩「個人服從組織」、「少數服從多數」、「下級服從上級」、「全黨服從中央」是黨的紀律，眾的紀律不容任何人破壞，劉力功違反黨紀不能留在黨內，決定開除於共流籍，並公佈於全黨。

究竟黨員在黨的一個決定面前有什麼權利與義務？劉力功開除出黨了。但是如果問：我們黨內只有成多或少像劉力功這樣點的黨員還有沒有？還有！這是由於我們黨內接受了大批新黨員，這些新黨員的成份又是散漫的小資產階級的成份（知識份子，學生與農民）。他們信追求真理而加入了共產黨，我們應現他們。但些他們之中的許多人還帶來農厚的非無產階級的思想和習慣，這就要我們極大的注意，醫必須個新黨員自己在革命工作中鍛鍊他們。同時也加重了黨對於新黨員的無產階級的錯識的思想警惕。何時也加重了黨對於新黨員的克服自己的非無產階級的錯識的思想警惕。

《解放》第七十三期刊发的陈云文章

为了教育他，党组织与他先后进行了7次谈话。最后，党组织给他时间反省错误，但几天后，刘力功声明愿意去华北，条件是一定要到八路军总司令部工作，党组织不同意，他就干脆拒绝执行党的决定。中央党务委员会认为，党已尽最大努力说服教育，但他仍不服从党组织安排，违反了党的纪律，又不接受党的教育，改正自己的错误，因此，决定开除其党籍，并公布于全党。5月23日，陈云写了《为什么要开除刘力功的党籍》一文，剖析了这一事例，论述了共产党员要加强党性锻炼，特别强调了严格遵守党的纪律的极端重要性，指出党内不准有不遵守党的纪律的"特殊人物""特殊组织"，在抗日战争的时代，共产党员遵守党的纪律是胜利的必要条件，全体党员要自觉遵守党的纪律。围绕着"为什么要开除刘力功的党籍"问题，陈云还组织延安各机关、学校开展了一场热烈讨论。关于刘力功问题的大讨论和陈云的这篇文章，在延安各机关和学校引起了极大震动。广大干部、学生纷纷检查自己的小资产阶级思想，检查自己是否以一个共产党员的标准来严格要求自己。延安出现了"三多三少"现象，即讲个人要求的少了，服从组织分配的多了；图安逸比享受的人少了，要求到前线和艰苦地方锻炼的人多了；自由主义现象少了，严守纪律的人多了。

刘振球事件

　　延安时代严肃查处刘振球违法乱纪案件，在当时具有很强的典型意义。刘振球是福建省上杭县人，1929 年参加中国工农红军，1930 年加入中国共产党。参加了中央苏区五次反"围剿"作战和二万五千里长征。到达陕北后，参加了直罗镇等战役。抗日战争时期，任八路军一一五师三四三旅六八五团二营政治教导员，后任晋

延安时期的胡耀邦（左三）

西独立支队一团政治委员，参加了平型关战役。在战斗中他几次光荣负伤，可谓革命功臣。但他当上团政委以后，刘振球革命意志开始衰退，个人生活腐化，经常吃补药，穿狐皮大衣、短衣，睡丝绵被，还用相机和收音机消遣。为了满足个人的高消费需求，他"经常拿公款购买私人奢侈品，几个月中，此类费用在300元左右，又将公款240元私吞"。当同志们发现他滥用公家财产并对他进行劝告时，他便说："老子革命十年，难道用一点东西都不行吗？"当组织对他进行批评时，他又说："老子十年了，从来没有受过这样的批评。"后来，党组织不断对他个别谈话，并在各种会议上指出他的错误及其危害性，他都置若罔闻，并在党的最后一次教育之后，声言要另找出路。鉴于以上情况，中央军委总政治部党务委员会于1940年1月8日做出决定："为着巩固党，严格党的纪律，特开除刘振球的党籍，交法庭处理，并公布这一决定，责成各级党部深入地传达和讨论之。"[1]时任中央军委总政治部组织部副部长的胡耀邦对刘振球案件非常重视，亲自调查研究，了解情况，掌握了刘振球的全部犯罪事实及其堕落过程。为严格纪律、教育全党，当党务委员会做出开除刘振球党籍的决定后，他还针对此案专门写了《拥护开除刘振球的党籍，为党的事业奋斗到底》的文章，对刘振球犯错误的性质、思想根源和从中引出的教训，进行了深刻分析。

---

① 刘华清.胡耀邦与刘振球案件 [J].清风2010，8期.

肖玉璧案件

　　肖玉璧案件是延安时代严惩腐败、从严治党的典型案例。肖玉璧1898年生于清涧县城北马家村，1933年4月参加革命，多次参加战斗，立过战功，多次负伤。曾任区苏维埃政府主席、贸易局副

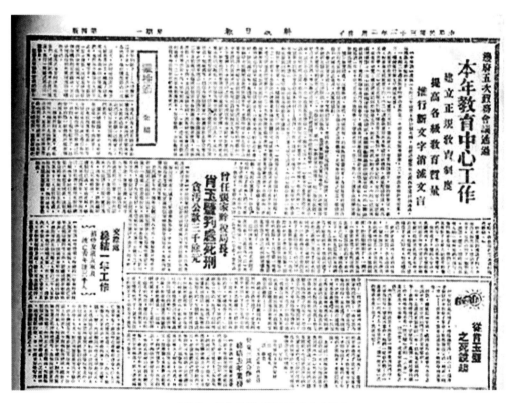

《解放日报》就肖玉璧案件发表的评论

局长、税务分局局长等职。由于日本帝国主义对陕甘宁边区的严密封锁，国民党也不断向陕甘宁边区发动进攻，陕甘宁边区经济处于最困难的时期。肖玉璧因疾病枯瘦如柴，组织决定让他休养，在领导的关怀下，肖玉璧恢复了健康。出院后，组织上安排肖玉璧到靖边县张家畔税务分局任局长。张家畔地处三边产盐区，是边区当时最大也是最可靠的财税来源之一，分局下辖五个检验处，比盐池还多一个，可谓边区财税系统的重要职位。肖玉璧却认为当个小小的分局长是"大材小用"，上任后便居功自傲。不久，就贪污、暗扣公款，并利用职权，私人做生意，甚至把根据地奇缺的粮、油卖给国民党军队，影响极坏。1938年，肖玉璧两次挪用公款共2520元，借给政治面貌不明的张某。为了掩盖违法犯罪的事实，他竟然采取多收少报的方法欺骗上级。1939年2月，边区财政厅发现问题后，派工作人员与肖玉璧进行结算，他竟然借口出外讨账，又拐带公款250元、税票18张潜逃。后潜回清涧县原籍，被政府发现后立即将其逮捕，交付司法审判。陕甘宁边区高等法院检察署经侦查终结，认为证据确凿，向边区高等法院提起公诉。陕甘宁边区高等法院院长雷经天亲自担任审判长，经查实，肖玉璧前后共贪污挪用公款3050元。根据1939年边区参议会颁布的《陕甘宁边区惩治贪污条例（草案）》的规定，判处其死刑，1942年2月执行死刑。1942年1月5日，《解放日报》专门发表评论，发出建设廉洁政府的宣言："我们一定要做到：在'廉洁政治'的地面上，不容许有一个'肖玉璧式'的莠草生长！有了，就拔掉它！"

一元化领导

一元化领导是中国共产党在延安时代局部执政时，为统一各抗日根据地党政军民的行动步调，使政治工作、群众工作、经济工作和军事工作紧密结合而采取的领导体制。其基本原则是党领导一切。

太行分局书记邓小平

晋绥分局书记关向应

1942年，为了适应残酷的战争环境，解决抗日根据地党政军民关系中某些不协调的现象，中共中央政治局于9月1日做出的《关于统一抗日根据地党的领导及调整各组织间关系的决定》提出了一元化领导原则。决定指出："根据地领导的统一与一元化，应当表现在每个根据地有一个统一的领导一切的党的委员会（中央局、分局、区党委、地委），因此，确定中央代表机关（中央局、分局）及各级党委（区党委、地委）为各地区的最高领导机关，统一各地区的

晋察冀分局书记聂荣臻

党政军民工作的领导"，①"党的领导一元化，一方面表现在
同级党政军民各组织的相互关系上，又一方面则表现在上下级关系
上。"②指出"'一切服从战争'是统一领导的最高原则。"③决定

---

① 中共中央文献研究室，中央档案馆编.建党以来重要文献选编（1921—1949）（第十九册）
　　［M］.中央文献出版社，2011：第423页.

② 中共中央文献研究室，中央档案馆编.建党以来重要文献选编（1921—1949）（第十九册）
　　［M］.中央文献出版社，2011：第428页.

③ 中共中央文献研究室，中央档案馆编.建党以来重要文献选编（1921—1949）（第十九册）
　　［M］.中央文献出版社，2011：第429页.

中提出的一元化领导，有两个方面的含义：第一，在同级党政军民各组织的相互关系上，党的组织领导一切。第二，在党内的上下级关系上，要个人服从组织，下级服从上级，全党服从中央。决定明确了主力军与地方党政的关系，规定了党委与政权系统工作的关系、上下级领导关系及报告制度。决定强调的统一领导，是指党从政治上对政权、军队、民众团体等一切其他组织的领导，是指大政方针的领导，而不是领导一切具体事务，更不是包办代替一切工作。根据决定的精神，中共中央先后建立和健全了在各地区的中央代表机构。陕甘宁边区中央局与西北工作委员会合并，成立中共中央西北局，高岗为书记；晋冀豫地区成立太行分局，邓小平为书记；晋西北地区成立晋绥分局，关向应为书记；充实北方局和山东分局，分别以杨尚昆和朱瑞为书记；健全晋察冀分局，聂荣臻为书记。各中央局（分局）都直属中共中央。党的一元化领导的实行，增加了党的团结，统一了抗日根据地各部门的工作步调，保证了党的方针政策的贯彻执行，从而有力地推动了对敌斗争的发展和根据地的巩固与建设。

第三编 会议

周家硷会议

　　1935 年初，在粉碎了国民党军对陕甘边、陕北根据地的第一次"围剿"后，陕北苏区下辖 9 个苏维埃县治，陕甘边苏区下辖 11 个苏维埃县治，红军人员装备也得到了进一步发展，但两支红军和两块根据地隶属关系不统一，陕甘边革命根据地由中共陕西省委领导，陕北革命根据地先后由中共陕西省委、中共河北省委、中共北方局、中共中央驻北方代表领导，在兵力与装备均处明显优势的敌军正开始新的大规模"围剿"之际，迅速将两个特委、两支红军、两块根据地统一起来，以便集中兵力，统一领导，即成为当时的迫切任务。

　　1935 年 1 月，经过中共陕北特委和中共陕甘边特委协商，并征得中共中央驻北方代表孔原（北方局于 1930 年 12 月取消）派出的

赤源县（原安定县，今子长市）周家硷

巡视员黄翰的同意，拟建立统一的党组织。刘志丹专程从陕甘边赶到陕北，与在赤源县（原安定县，今子长县）水晶沟养伤的谢子长磋商，就建立党和军队的统一领导取得了一致意见。2月5日，中共陕甘边特委和中共陕北特委在赤源县周家硷刺儿圪垯举行联席会议。陕甘边区军委主席刘志丹主持会议，陕甘边特委书记惠子俊和委员张秀山，陕北特委书记崔田夫和组织委员郭洪涛、宣传委员马明方等出席，白坚做会议记录。谢子长因病没有参会，陕甘边特委的领导正在进行反"围剿"斗争，大多没有到会。会议决定成立中共西北工作委员会和西北革命军事委员会，对两个苏区实行统一领导，对红军游击队实行统一指挥。会议决定保留中共陕甘边特委，在西北工委领导下继续领导陕甘边的党政军民组织；撤销中共陕北特委，其所属之党组织由西北工委直接领导；中共西北工委由刘志丹、谢子长、惠子俊、崔田夫、习仲勋、郭洪涛、高岗、马明方、张秀山任委员，惠子俊任书记（在惠子俊回陕甘边传达会议精神期间由崔田夫代理），郭洪涛任秘书长、组织部部长，高岗任宣传部长，白茜任妇女部长。西北革命军事委员会主席为刘志丹（一说为谢子长），谢子长为副主席（谢子长去世后由高岗接任），秘书长兼政治部主任白坚，参谋长朱子休。中共西北工委，下辖中共陕甘边区特委、神府工委并直属原陕北特委领导的县委。

周家硷会议实现了对陕甘边、陕北根据地的统一领导，初步实现了两支红军的统一指挥和协同作战，将西北地区的革命斗争推上一个新的发展阶段，标志着西北革命根据地的正式形成。

吴起镇会议

　　1935 年 10 月 19 日，中共中央率领陕甘支队长征胜利到达西北（陕甘）革命根据地的吴起镇，完成了历史性战略转移。10 月 22 日，中共中央在吴起镇召开政治局扩大会议。出席会议的有张闻天、毛泽东、周恩来、博古、王稼祥、邓发、刘少奇、凯丰以及彭德怀、李富春、聂荣臻、叶剑英、贾拓夫等 13 人，张闻天主持会议。会议的中心议题是，总结俄界会议后红军的行动，在铁边城会议的基础上，确定当时条件下陕甘支队的行动方针。

　　毛泽东在会上做《关于目前行动方针》的报告和讨论总结，指出：（一）陕甘支队自俄界出发已走二千里，到达这一地区的任务已经完成。（二）党的新任务是保卫与扩大陕北苏区，以领导全国大革命。陕甘晋是发展的主要区域。（三）当前世界革命进到新的阶段，帝国主义到处冲突。日本帝国主义独占华北，反帝运动高涨，反帝革命在全国酝酿，陕北群众急需革命。张闻天指出：现在新的任务是保卫与扩大这一苏区，变为直接的民族革命战争；要把反帝和土地革命直接结合起来。会议决定：（一）保卫和扩大陕北苏区，以陕北苏区来领导全国革命。（二）把陕、甘、晋作为主要的发展区域。（三）确定目前部队的中心工作是提高战斗力，扩大红军，解决物资问题。（四）确定加强白区、白军工作。（五）提出了把国内战争同民族革命战争结合起来的主张。张闻天做会议总结。

吴起镇会议旧址

吴起镇会议批准了榜罗镇会议"在陕北保卫和扩大苏区"[①]的战略决策，正式宣告中央红军二万五千里长征胜利结束，确定之后的战略任务是"建立西北的苏区，领导全国大革命"，从而开始了中共中央领导西北苏区军民开创中国革命和革命战争新局面的伟大斗争，开创了中共中央把全国革命大本营放在陕北的新时期。

① 中共中央党史研究室第一研究部 . 红军长征史 [M]. 中共党史出版社，2017：302.

下寺湾会议

　　1935 年 11 月 3 日，中共中央在甘泉下寺湾召开政治局常委扩大会议，同日，召开中央政治局会议。会议由张闻天主持，毛泽东、周恩来、博古、王稼祥、凯丰、刘少奇、林伯渠、彭德怀、李维汉、李德出席。会议听取了中共陕甘晋省委副书记郭洪涛、西北军委主席聂洪钧关于西北红军和西北苏区历史及现状的汇报，讨论了红军行动方针及中央组织问题。会议决定：中央对外公开用"西北中央局"（张闻天任书记）和中央政府办事处名义，待打破"围剿"后再公开使用中共中央和中央政府办事处的名义；成立西北革命军事委员会，委员为毛泽东、周恩来、彭德怀、王稼祥、聂洪钧、林彪、徐海东、程子华、郭洪涛，主席毛泽东，

位于甘泉县的下寺湾会议旧址

副主席周恩来、彭德怀；由毛泽东、周恩来、刘少奇、凯丰分别负责军事、组织、工会、少共工作；李维汉为中央组织部部长；中央分两路行动，张闻天、博古等率领中央机关北上，进驻中共陕甘晋省委所在地安定县（今子长市）瓦窑堡。毛泽东、周恩来、彭德怀等率领陕甘支队南下甘泉县象鼻子湾，与红十五军团会合，准备粉碎国民党军对陕北苏区的"围剿"。会议决定：大的战略问题，军委向中央提出讨论；至于战斗指挥问题，由军委全权决定。红十五军团编制应保存，红二十六军、红二十七军因历史关系也不要合并，陕甘支队可编成红一军团，并成立红一方面军。同日，西北革命军事委员会发布通令和命令，陕甘支队恢复红一方面军番号，彭德怀任司令员，毛泽东任政治委员，叶剑英任参谋长，王稼祥任政治部主任，方面军下辖红一军团、红十五军团。中华苏维埃共和国中央执行委员会主席毛泽东，副主席项英、张国焘同日也发出布告，决定在陕甘晋苏区设立苏维埃中央政府驻西北办事处，以秦邦宪为主席，林伯渠、邓发、王观澜、崔田民、徐特立、蔡树藩、李振询分别任财政、粮食、土地、国民经济、教育、司法内务、劳动等部部长，罗梓铭为工农检查局局长。

在此前后，中央了解到西北苏区的错误"肃反"问题，立即下令停止一切"肃反"行动，要求停止捕人，要刀下留人。毛泽东、周恩来、彭德怀联名指出，陕甘晋省委在"肃反"中"错捕一批人，定系事实"[①]。为了纠正"左"倾冒险主义，制止错误"肃反"，中央派王首道、贾拓夫等去瓦窑堡释放被关押的刘志丹等。中央还决定成立以董必武为书记的五人"党务委员会"，负责审查"肃反"扩大化错误。在中共中央的直接领导下，陕甘晋省委把刘志丹等一批领导干部释放出狱，予以平反，恢复其工作，从而稳定了形势，保护了干部队伍，挽救了陕甘苏区的危局。

---

① 中共中央党史研究室第一研究部 . 红军长征史 [M]. 中共党史出版社，2017：309.

瓦窑堡会议

    1935 年 12 月 17 日至 25 日，中共中央在陕北安定县（今子长市）瓦窑堡城内的田家院张闻天住所召开政治局扩大会议。这次会议是根据共产国际七大的决议，在抗日救亡运动重新高涨、亟须制定新的战略策略的形势下召开的，主要讨论全国政治形势和党的策略路线问题、军事战略问题。会议由张闻天主持，与会者有毛泽东、周恩来、博古、李维汉、王稼祥、刘少奇、邓发、凯丰、张浩、邓颖超、吴亮平、郭洪涛等十余人，共产国际军事顾问李德也参加了会议。中共驻共产国际代表张浩传达了

位于安定县（今子长市）的瓦窑堡会议旧址

瓦窑堡会议通过的中共中央关于《目前政治形势与党的任务决议》

共产国际七大的精神，介绍了中共代表团发布《八一宣言》的经过；张闻天做《政治形势与策略问题》的报告；毛泽东做《军事战略问题》的报告。会议分析了华北事变后国内阶级关系的新变化，讨论了抗日民族统一战线、国防政府和抗日联军等问题，批判了党内长期存在着的"左"倾冒险主义和关门主义错误，明确提出了党的基本策略任务是建立广泛的抗日民族统一战线。会议通过了毛泽东起草的《中央关于军事战略问题的决议》，提出红军行动的战略方针应是坚决的民族革命战争，首先把国内战争同民族战争相联系，一切战争都在民族政治的口号下进行，准备直接对日作战力量和猛烈扩大红军。毛泽东认为：中国的民族资产阶级有两重性，是可以争取的。会议通过了张闻天起草的《中共中央关于目前政治形势与党的任务决议》，决议提出："目前形势已经有了一

瓦窑堡会议会场　　　　　　　　　瓦窑堡会议的主持者张闻天

个基本上的变化""党的策略路线,是在发动、团聚与组织全中国全民族一切革命力量去反对当前主要的敌人:日本帝国主义与卖国贼头子蒋介石"①。会议提出中国共产党是无产阶级的先锋队,同时又是全民族的先锋队。为了扩大抗日民族统一战线,提出将"工农共和国"的口号改变为"人民共和国"。关于党的组织建设问题,强调必须反对在发展党组织中的关门主义倾向,扩大与巩固党,并对过去长期存在的过分强调党员出身的"唯成分论"提出了批评。

瓦窑堡会议是土地革命战争到抗日民族解放战争转折时期召开的一次极为重要的会议,这次会议所提出的关于建立抗日民族统一战线的新策略,使党在新的历史时期将要到来时掌握了政治上的主动权;表明党在继遵义会议着重解决军事路线问题和组织问题之后,开始努力解决政

瓦窑堡城区旧貌

治路线问题；表明中国共产党在总结革命经验教训的基础上，已经学会从中国实际出发，把共产国际七大提出的关于建立国际反法西斯统一战略的总方针，创造性地运用来指导中国的革命运动。

党的活动分子会议

1935 年 12 月 27 日，在瓦窑堡会议结束第二天，中共中央在瓦窑堡召开党的活动分子会议，参加会议的有中央机关、陕北省、瓦窑堡市科部长以上干部以及中央党校和西北红军学校县团级以上干部共 400 余人。会议由张闻天主持，毛泽东根据瓦窑堡会议决议做了《论反对日本帝国主义的策略》长篇报告。报告分为"目前政治形势的特点""民族统一战线""人民共和国""国际援助"四个部分。毛泽东对于党的抗日民族统一战线的策略路线进行了全面深刻的阐述，坚决批评了革命队伍中"左"倾关门主义的幼稚病，充分地阐明和民族资产阶级在抗日的条件下重新建立统一战线的可能性和重要性，并着

毛泽东在瓦窑堡党的活动分子会议上讲话

重指出共产党和红军在这个统一战线中具有决定意义的领导作用。毛泽东在报告中还对人民共和国的性质、任务和前途做了论述。人民共和国的前途，是社会主义。中国现阶段的革命"依然是资产阶级民主主义性质的革命，不是无产阶级社会主义性质革命""在将来，民主主义的革命必然要转变为社会主义的革命"。[①]毛泽东的报告，是在历史转折关头，对党的政治策略做的最完整的分析。

① 毛泽东选集：第 1 卷 [M] . 北京：人民出版社，1991：160.

中央政治局（保安）扩大会议

　　1936年9月15日至17日，中共中央政治局在保安（今志丹县）召开扩大会议，主要任务是总结瓦窑堡会议以来党在实行抗日民族统一战线中的经验教训，制定党的统一战线策略与方针。会议由张闻天主持，出席者有毛泽东、周恩来、博古、李维汉、凯丰、林伯渠、叶剑英、林彪、胡耀邦、邓颖超、王稼祥等34人。张闻天在会上做《目前政治形势与

保安（今志丹县）旧貌

保安（今志丹县）中共中央旧址

一年来民族统一战线问题》的报告，全面分析了国内外形势，总结了中共中央到达陕北一年来的民族统一战线工作，着重阐述了党的统一战线口号的修改，将"反蒋抗日"改为"联蒋抗日"；主张实现联合国民党抗日。毛泽东在发言中着重阐明了党对统一战线的领导和建立民主共和国问题，提出中国共产党有力量领导抗日统一战线，民主共和国建立起来后要保持共产党政治上的独立性。会议讨论通过了《中央关于抗日救亡运动的新形势与民主共和国的决议》。这次会议，为争取国民党政府及军队参加抗日战争，建立和发展抗日民族统一战线，起了积极的推动作用。

保安（今志丹县）中共中央政治局会议室旧址

毛泽东在保安（今志丹县）给红军指战员做报告

中国共产党全国代表会议（苏区代表会议）

在全国革命进程和国共两党关系发生重大变化的转折关头，中共中央于 1937 年 5 月 2 日至 14 日，在延安召开了中国共产党全国代表会议（当时称苏区代表会议）。会议在中央大礼堂（延安天主教堂）举行。出席会议的有来自苏区、国民党统治区和红军中的党组织的正式代表 218 人，列席会议 64 人。会议的任务是进一步总结历史经验，明确党在抗日时期的任务。张闻天致开幕词，毛泽东做《中

在延安召开的中国共产党全国代表会议（苏区代表会议）

国共产党在抗日时期的任务》的政治报告和《为争取千百万群众进入抗日民族统一战线而斗争》的结论，博古做《组织问题》的报告，刘少奇、朱德等做专题发言。各代表团进行了分组讨论。

关于当前形势，毛泽东在报告中分析了中日矛盾上升为主要矛盾，以及国民党的政策由内战、独裁和对日不抵抗开始向和平、民主和抗日转变的总形势，提出了巩固和平、争取民主和早日实现抗战的三位一体的任务，指出争取民主是新阶段中"最本质的东西"，是"中心一环"。为了实现这一任务，必须立即实行两方面的民主改革：一是将国民党的一党独裁的政体，改变为各党派各阶级合作的民主政体；二是保证人民的言论、集会、结社自由。进行这两方面的改革，是建立真正的坚实的抗日民族统一战线的必要条件。

关于历史总结，毛泽东总结了第一次国共合作的历史经验教训，阐明了在抗日民族统一战线中坚持无产阶级领导权的极端重要性，强调指出必须坚持无产阶级及其政党的领导，这是革命成败的关键。为了实现无产阶级的领导，共产党必须正确地提出基本的政治口号和动员口号；共产党人在为实现这些口号所规定的具体目标时，应起到先锋模范作用；必须正确建立和发展与同盟者的关系；必须发展共产党的队伍，保持思想的统一和严格的纪律等。

关于统一战线，毛泽东指出，在党内，必须继续反对关门主义、冒险主义，争取更多的群众，以建立广泛的抗日民族统一战线；同时，也要警惕右倾错误在新的形势下复活，以免革命事业遭到失败。同时，毛泽东也批评了否认国民党转变的"左"的错误。

关于党的建设，毛泽东在结论中系统地论述了干部问题、党内民主问题和全党的团结问题。关于干部问题，毛泽东指出，指导伟大的革命，要有伟大的党，要有许多最好的干部，要自觉地造就成万数的干部，要有几百个最好的群众领袖。他提出要"懂得马克思列宁主义，有政治远见，有工作能力，富于牺牲精神，能独立解决问题，在困难中不动摇，忠心耿耿地为民族、为阶级、为党而工作"的干部标准。他要求党的干部"不要自私自利，不要个人英雄主义和风头主义，不要懒惰和消极性，不要自高自大的宗派主义"，而应当"是大公无私的民族的阶级的英雄"。并指出"这就是共产党员、党的干部、党的领袖应该有的性格和作风"。关于党内民主和维护党的团结问题，毛泽东提出要"依靠实行党的民主集中制去发动全党的积极性"，强调"在新时期，集中制应该密切联系于民主制。用民主制的实行，发挥全党的积极性。用发挥全党的积极性，锻炼出大批的干部，肃清宗派观念的残余，团结全党像钢铁一样"。

党的全国代表会议通过了毛泽东的报告，批准了从遵义会议以来中央的政治路线，确定了党在新形势下的方针和任务。这次会议为迎接全国抗日战争的到来，在政治上、组织上做了重要的准备。

中共陕甘宁特区代表大会

　　1937 年 4 月，随着国共谈判的逐步深入，为了适应陕甘宁革命根据地由苏维埃制度向民主共和制度的转变，中共中央着手对苏区党的领导机构进行调整，决定在陕北省委、陕甘宁省委和相关特委的基础上，组建以陕北当地干部为主要组成的陕甘宁特区委员会。1935 年 5 月 1 日，经中共中央批准，陕甘宁特区委员会成立，并于同日召开中共陕甘宁特委第一次会议。出席会议的人员有：林伯渠、刘长胜、王达成、罗迈（李维汉）、吴亮平、郭洪涛、习仲勋、马锡五、马丕勋、蔡畅、李坚贞、马明方、王世泰、罗梓铭、周兴、崔田夫、白治民等。中央指定郭洪涛

中共陕甘宁特区委员会书记郭洪涛

为陕甘宁特委书记，常委为郭洪涛、高岗、林伯渠、吴亮平、王达成、刘长胜、李坚贞。

1937年5月15日，陕甘宁特区党的第一次代表大会在延安召开，会期一天，议程是选举特区委员会。出席会议代表共84人，由陕北省委，陕甘宁省委，关中、神府特委及各县县委书记组成4个代表团，代表边区32418名党员。代表们在会前悉数参加了中国共产党全国代表会议（当时称苏区代表会议），听取和领会了中共中央关于要把特区"转变与创立为抗日的及民主政治的模范区域，为抗日民族革命战争中政治与军事的模范区域，为实现民主共和国制度的模范区域"的指示和要求。经与会代表充分酝酿和协商，以票决的形式选举产生了特区党委。16日，苏区党的代表大会秘书处通报了选举结果。17日，新组建的陕甘宁特委举行第一次执行委员会，推选郭洪涛为书记，王观澜为副书记，执委会下设组织部、宣传部和统战部。王达成任组织部部长，吴亮平（后为王若飞）任宣传部部长，王涛任统战部部长，高克林任秘书长。特委驻地先设在延安市衙门西坡，后迁至小砭沟。随着陕甘宁边区改制，特区党委相应改为边区党委。

中国共产党白区工作会议

1937年5月17日至6月10日，中国共产党白区工作会议于1937年5月17日至6月10日在延安举行。会议由张闻天、刘少奇主持，出席会议的有北方局及其所辖的北平、天津、河北、河南、山西、山东、绥远以及华南地区党组织的负责人。张闻天、刘少奇、彭真等做报告。

会议分两个阶段，第一阶段从5月17日至26日。5月17日刘少奇做《关于党与群众工作的报告》。阐明了白区工作实行彻底转变的必

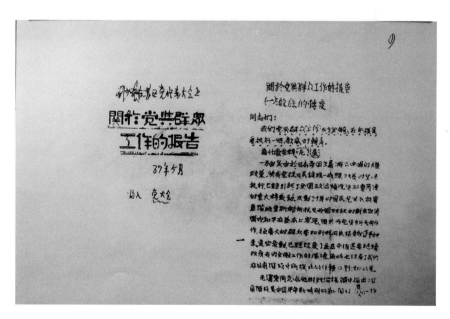

刘少奇在白区工作会议上做的《关于党与群众工作的报告》，总结了白区工作的经验教训，阐述了党在白区工作的基本方针和斗争策略

刘少奇主持中共中央北方局工作时的机关所在地——北平西四砖塔胡同四眼井 10 号

要性。他指出，这种转变有两重性质，一方面是因为环境的变动和新的任务，需要改变党和群众工作的工作方式、组织方式和斗争方式；另一方面，因为党内还存在着严重的关门主义、冒险主义的历史传统，需要肃清与改变。后一种改变是决定一切的东西。报告还阐述了党与群众的关系、公开工作与秘密工作的关系、领导群众斗争的策略以及党的思想转变等问题。强调党的组织工作需要全盘转变，需要工作方式、组织方式、斗争方式的创新。由于这时中共中央还没有对过去工作中的严重"左"倾错误做出明确的系统的结论，一些同志在讨论刘少奇的报告时，还不能摆脱以往"左"的思想的影响，以致在对于白区工作的评价、工作转变和策略方针等问题上出现分歧，中心问题是党对过去白区工作的领导是否正确，是否犯了"左"倾路线错误的问题。至5月26日，暂时休会。

6月1日至4日，张闻天主持中央政治局会议，讨论党对白区工作的路线、方针问题。毛泽东在6月3日会议的发言中指出：刘少奇的报告基本上是正确的，错的只在报告中的个别问题上。刘少奇对白区工作有丰富的经验，他在实际工作中领导群众斗争和处理党的关系方面，都是基本上正确的，他懂得实际工作的辩证法。在毛泽东发言后，张闻天在会议的结论报告中也指出：刘少奇在白区工作会议上的报告基本上是正确的，他在北方工作是有成绩的。

会议第二阶段从6月6日至10日，继续开会。6月6日，张闻天在会议上所做的《白区党目前的中心任务》的报告中，按照中央的精神，从总的方面肯定刘少奇的报告，批判了关门主义，并要求党在白区的实际工作中贯彻执行抗日民族统一战线的政策。刘少奇对会议做结论发言。会议表决通过了张闻天的报告和刘少奇的结论，制定了《关于职工运动的经验及转变方式》等重要文件。

这次会议总结了八七会议以来特别是瓦窑堡会议以来华北地区白区工作的经验，比较系统地揭露和批评关门主义和冒险主义的错误，着力引导全党冲破"左"倾思想的禁锢，思考和分析过去白区工作遭受挫折的教训，彻底否定错误的工作指导方针。会议着重阐明在西安事变和平解决后的新形势下，党在整个白区工作中的基本方针、策略和任务，以及为实现这些方针、策略和任务必须进行的党的组织工作和群众工作，对于推动党的白区工作的彻底转变发挥了积极的推动作用。

洛川会议

　　中央政治局于 1937 年 8 月 22 日至 25 日在陕北洛川冯家村召开扩大会议（史称洛川会议），讨论制定动员全国军民开展民族解放战争，实行全面持久抗战的方针，进一步确定在抗日战争时期的任务及各项政策。会议由张闻天主持，出席者有中央政治局委员张闻天、毛泽东、周恩来、博古、朱德、张国焘、任弼时、彭德怀；中央政治局候补委员关向应、凯丰；其他各方面与会领导人有林伯渠、张浩、张文彬、林彪、聂荣臻、罗荣桓、贺龙、刘伯承、徐向前、萧劲光、博钟、周建屏等共 22 人。

在洛川冯家村召开的洛川会议旧址

毛泽东在会上做军事问题和国共两党关系问题的报告。他分析了抗战开始以后的新形势，指出抗日战争是一场艰苦的持久战，共产党的中心任务是动员一切力量争取抗战的最后胜利，而关键在于实行共产党的全面抗战路线，反对国民党的片面抗战路线；要巩固扩大统一战线，同时要保持共产党在政治上、组织上的独立性，必须坚持统一战线中无产阶级的领导权，对国民党的反共倾向保持高度的警觉性；提出红军的基本任务是创造根据地，牵制消灭敌人，配合友军作战（主要是战略配合），保存和扩大红军，争取共产党对民族革命战争的领导权；红军的作战方针是独立自主的山地游击战争，配合正面战场，开辟敌后战场，建立敌后抗日根据地；在国民党统治区，放手发动抗日的群众运动；以减租减息作为抗战时期解决农民土地问题的基本政策等任务。会议就国共关系、战略方针和出兵等问题进行了讨论，张闻天、周恩来、朱德等就有关问题做了报告和发言。毛泽东做了会议总结。会议通过了《关于目前形势与党的任务的决定》、《中国共产党抗日救国十大纲领》和毛泽东起草的《为动员一切力量争取抗战胜利而斗争》的宣传鼓动提纲。会议决定

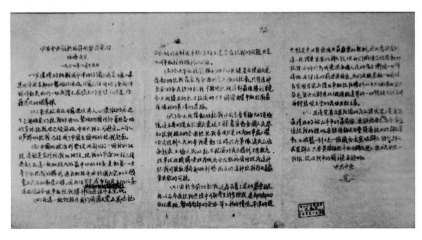

洛川会议通过的《中共中央关于目前形势与党的任务决定》

成立由毛泽东、朱德、周恩来、彭德怀、任弼时、张浩、叶剑英、林彪、贺龙、刘伯承、徐向前 11 人组成中共中央革命军事委员会（简称中央军委），毛泽东为军委书记（亦称主席），朱德、周恩来为副书记（亦称副主席）。8 月 25 日，中央军委发布红军改编为国民革命军第八路军的命令。

洛川会议是在全国抗战刚刚爆发的历史转折关头召开的一次重要会议。会议制定的党的全面抗战路线，把实行全民族抗战与争取人民民主、改善人民生活结合起来，把反对外敌入侵与推动社会进步统一起来，正确处理了民族矛盾与阶级矛盾的关系。会议通过的《中国共产党抗日救

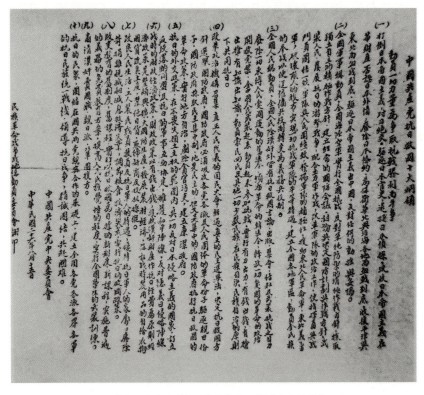

洛川会议通过的《中国共产党抗日救国十大纲领》

国十大纲领》阐明了共产党在抗日战争时期的政治纲领、基本任务和各项政策，指明了坚持长期抗战、争取最后胜利的具体道路，这是同国民党领导集团所实行的片面抗战路线不同的正确的抗战路线，从而为全党和全国人民指明了正确方向，为争取抗日战争的胜利奠定了基础。

十二月政治局会议

　　中央政治局于 1937 年 12 月 9 日至 14 日在延安召开会议（亦称十二月政治局会议），听取共产国际的指示和总结党的工作。出席会议的有张闻天、毛泽东、王明、康生、陈云、周恩来、博古、林伯渠、彭德怀、凯丰、刘少奇、项英、张国焘等 13 人。王明在苏联任中共驻共产国际代表、共产国际执行委员会委员、主席团委员和书记处候补书记，同康生、陈云于 1937 年 11 月 29 日回国到达延安。

1937 年 11 月 29 日，中共驻共产国际代表王明（前排右一）等从苏联回到延安，图为毛泽东（前排右三）等到机场欢迎时的合影

毛泽东（右一）、刘少奇在十二月会议期间

　　张闻天主持会议并做《目前的政治形势与党的任务》的报告，指出抗战以来党所取得的成绩证明洛川会议的决定是正确的。王明做《如何继续全国抗战和争取抗战胜利呢？》的报告，批评洛川会议过分强调"独立自主原则"，没有提出"抗战高于一切"，并在如何巩固和扩大抗日民族统一战线方面，提出了比较系统的右倾投降主义主张。项英做了《三年来坚持的游击战争》的报告。由于毛泽东、张闻天等人的抵制，王明的错误意见未能形成会议决议。会后，中共中央仍按照原来的方针开展工作。会议讨论通过了《中央政治局关于召集第七次全国代表大会的决

王明（前排中）在十二月政治局会议期间

议》，决定成立一个由 25 人组成的第七次全国代表大会准备委员会，毛泽东任主席。会议还通过了《中央政治局关于中共驻共产国际代表团工作报告的决议》和《中央政治局对南方区游击工作的决议》。会议决定增补王明、陈云、康生为中央书记处书记；由项英、周恩来、博古、董必武组成长江局，领导南方各省党的工作；由周恩来、王明、博古、叶剑英组成中央代表团，到武汉负责与国民党谈判；由刘少奇、杨尚昆负责北方局，由朱德、彭德怀负责北方军政委员会，加强对华北游击战争的领导；由项英、曾山、陈毅等五人组成东南分局，项英任书记，领导新四军工作。

十二月政治局会议总结了抗战全面爆发以来党的工作，听取了共产国际的指示。王明虽然根据共产国际的某些不正确意见系统地提出了他的右倾错误主张，并且一度影响了一些同志，但是他的错误观点没有为全体与会同志所接受。毛泽东后来在中共七大会上谈到十二月政治局会议的情况，认为："遵义会议以后，中央的领导路线是正确的，但中间也遭过波折。抗战初期，十二月会议就是一次波折。"

三月政治局会议

1938 年 2 月 27 日至 3 月 1 日，中共中央接受长江局的建议，在延安召开政治局会议（史称"三月政治局会议"），会议主要讨论抗战形势、国共两党关系和抗日军事问题。出席会议的政治局委员有毛泽东、张闻天、王明、周恩来、康生、凯丰、任弼时、张国焘等 8 人，张闻天主持会议。

1938 年 3 月，王明在中央政治局会议上继续坚持右倾错误，并撰写文章，以《三月政治局会议的总结》为题公开发表

王明（前排左二）在八路军驻武汉办事处

　　王明做会上政治报告，坚持他在 1937 年 12 月政治局会议上的右倾错误主张，附和国民党"只要一个军队"和"统一军令"的叫喊，强调在军事上要服从国民党的统一领导。毛泽东做关于军事问题的发言，指出中国抗战的长期性；强调坚持抗战和争取抗战的胜利，要以自力更生为主。会议决定由周恩来起草对国民党的军事建议，并同意周恩来出任国民政府军事委员会政治部副部长；决定派了解十二月政治局会议以来王明种种表现和中共实际情况的中央政治局委员任弼时立即去莫斯科，向共产国际交涉军事、政治、经济技术人才等问题，并接替王稼祥担任中共驻共产国际的代表。会议没有形成正式文件。会后，王明以个人署名公开在《解放》周刊发表了《三月政治局会议的总结》，继续坚持其错误主张。毛泽东、张闻天等中央领导人为顾全中央的团结统一，没有立即对王明提出批评。尽管王明的错误主张影响了不少与会者，对工作带来了一些干扰，但从全局来看，它在党内并没有取得统治地位。

中共扩大的六届六中全会

　　中共六届六中全会（扩大）于 1938 年 9 月 29 日至 11 月 6 日在延安举行。出席会议的有中央委员和候补中央委员 17 人，中央各部门和各地区领导干部 30 余人。这是自党的六大以来出席人数最多的一次中央全会；是解决问题最多、涉及问题最广、解决力度最大的一次中央全会；是在土地革命战争和抗日战争两大历史时期承上启下的一次中央全会；是党在抗战初期召开的最重要的一次中央全会。

中共扩大的六届六中全会与会者合影

正如毛泽东后来在七大回忆，中国共产党的历史上有两个重要会议，一次是 1935 年的遵义会议，一次是 1938 年的六届六中全会。而"六中全会是决定中国之命运的"。

毛泽东在会上做《论新阶段》的政治报告，这是会议的中心议题。毛泽东指出，目前抗战正处在由防御转入敌我相持的新阶段。六届六中全会的主要贡献是：

一是在政治上，完全赞同毛泽东对 15 个月抗战基本经验的总结，认为自遵义会议特别是洛川会议以来，党中央执行的政治路线是正确的，是马列主义的。确定了党在抗战相持阶段的基本方针和任务。毛泽东提出了民族斗争和阶级斗争一致性原理。重申全党应以主要力量在敌后开展独立自主的游击战争，建设抗日民主根据地的方针，这实际上是在民族战争的条件下继续走乡村包围城市的革命道路。

二是在思想上，第一次提出了马克思主义中国化的命题。全会鲜明地提出了"马克思主义中国化"的命题和任务，提出了中国共产党实现马克思主义中国化的发展道路和历史使命，具有重大的理论意义和历史意义。第一次提出共产党员应是"实事求是"的模范，提出要加强党的思想建设，强调马列主义必须与中国革命实践相结合。

三是在组织上，全会确认了毛泽东在全党的领袖地位，为中共领导抗战胜利，奠定了坚实的基础。全会制定了一条马克思主义的组织路线，确定了"任人唯贤"的干部政策与组织路线，强调了共产党员在民族战争中要发挥模范作用。

四是在战略上，制定了党在抗日阶段的工作重点和军事战略方针。论述了人民抗日武装斗争的重要性，强调游击战争在抗日战争中具有重要的战略地位。决定党的工作重点是在战区和敌后，要独立自主地放手发动群众，武装群众，开展游击战争，建立抗日根据地。会议根据敌后游击战争的发展情况和经验，确定了"巩固华北，

中共扩大的六届六中全会期间，大会主席团合影。左起：毛泽东、彭德怀、王稼祥、张闻天、朱德、秦邦宪（博古）、王明、康生、项英、刘少奇、陈云、周恩来

发展华中"的方针。

五是在策略上，针对王明的右倾错误，毛泽东在政治报告中提出了中国共产党在民族战争中的领导地位问题，强调了坚持党在统一战线中的领导权的重要性。指出要不断巩固和扩大抗日民族统一战线，用长期合作来支持长期战争；同时，在统一战线中必须实行又联合又斗争的方针。"一切经过统一战线"的口号，根本不适合中国的情况。

六是在党的建设上，六届六中全会第一次完整提出民主集中制的"四个服从"原则一个人服从组织、少数服从多数、下级服从上级、全党服从中央，是一次在全党立规矩的重要会议，在党的制度建设和纪律建设史上具有重要地位，成为中国共产党民主集中制领导制度形成的显著标志。全会号召加强党的自身建设，强调共产党员应在民族战争中发挥先锋和模范作用，强调要把纪律教育作为"党的建设的一课"。全会通过的关于党的建设的重要文件，丰富和发展了党的六大和古田会议所提出的建党思想。

王稼祥、周恩来、王明、朱德、项英、张闻天、陈云、刘少奇分别做了报告和发言。彭德怀、秦邦宪（博古）、贺龙、杨尚昆、关向应、邓小平、彭德怀、罗荣桓、林伯渠、吴玉章等围绕总结抗战以来的经验做了发言。最后，毛泽东做会议总结。

全会围绕毛泽东的报告，进行了充分的讨论，基本上取得了一

王稼祥在六届六中全会上传达共产国际的指示，肯定中国共产党一年来的政治路线，建议以毛泽东为首解决统一领导问题（图为王稼祥）

致意见。会议完全赞同毛泽东对 15 个月来抗战经验的总结和对当前抗战形势的分析，通过了《中共扩大的六中全会政治决议案》《关于中央委员会工作规则与纪律的决定》《关于各级党委暂行组织机构的决定》《关于各级党部工作规则与纪律的决定》《关于召集第七次全国代表大会的决议》等，批准了以毛泽东为核心的中央政治局的路线。会议决定撤销长江局，设立南方局和中原局，周恩来任南方局书记，刘少奇任中原局书记；将东南分局改为东南局，项英仍任书记；充实北方局，杨尚昆任书记。全会还补选林伯渠、董必武、吴玉章为中央委员会委员。

党的六届六中全会是一次具有重大历史意义的会议，它正确地

毛泽东《论新阶段》单行本

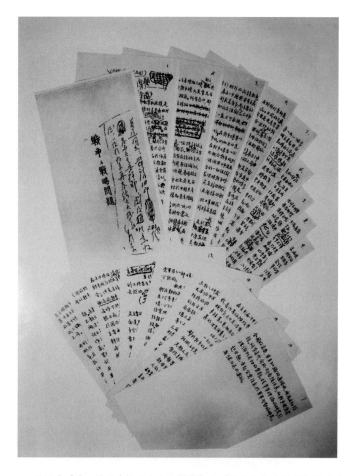

毛泽东《统一战线中的独立自主问题》和《战争与战略问题》修改稿

分析了抗日战争的形势，规定了党在抗战新阶段的任务，为实现党对抗日战争的领导进行了全面的战略规划。全会基本上克服了党内以王明为代表的右倾错误，进一步确定了毛泽东在全党的领导地位，统一了全党的步调，从政治上、思想上、组织上保证了党中央正确路线的贯彻执行，推动了各项工作的迅速发展。

1941年3月政治局会议

　　1941年3月26日，中共中央政治局召开会议，讨论关于增强党性问题。毛泽东、张闻天、王稼祥、朱德、陈云等参加。毛泽东发言指出：党性问题是一个重要问题。要使中级以上的干部实行检查，干部巩固了党便巩固

1941年3月政治局会议决定由王稼祥起草关于党性问题的决定

了。实行自我批评，是一个很难办到的事情，鲁迅也说解剖自己是困难的。自遵义会议后党内思想斗争少了，干部政策向失之宽的方面去了。对干部的错误要正面批评，不要姑息。我们党的组织原则是团结全党，但同时必须进行斗争，斗争是为了团结。我党干部要做到虽受到打击也要服从组织，就是在一个时期为上级所不了解，并且孤立，都要能够忍耐下去。要能上能下。项英、袁国平的错误，中央也要负责，因一九三七年十二月政治局会议是有些错误的。当时对形势估计不足，没有迅速地布置工作；其次对国共关系忽视了斗争性，因此边区也失掉些地方，直到张国焘逃跑后才解决，对全国的影响也很大。①

张闻天发言指出，中央提出党性问题是自项英事件起，党性是一个大问题，中央特别提出来，这是很重要的。我们要强调指出违反党性这个问题的危险性，并提起全党注意与这种倾向做斗争。他抨击了英雄主义的错误，赞同毛泽东提出的批评与自我批评的重要性。他强调，毛泽东与刘少奇同志曾受到打击，仍能坚决服从，是服从组织的最好模范。陈云发言指出，集体主义和个人主义是区分党性与非党性的关键。党的利益与个人利益有时是有矛盾的，但个人利益必须以党的利益为前提，这是党员与非党员的区别所在。有了政权的党，更容易出现军阀主义思想，必须与这种倾向进行长期斗争。他同样强调批评的重要性，干部有了错误，必须正面地、坦白地批评，目的是为了挽救干部。对犯错误的干部不要无原则地团结，既不打击也不放纵。

会议决定由王稼祥起草关于党性问题的决定。王稼祥根据政治局意见，集中精力研究各地区、各部队的报告、文电，听取汇报，调查研究，同王若飞一起起草草案，送中央政治局同志阅改后定稿。1941年7月1日，中共中央政治局通过了《关于增强党性的决定》。

---

① 中共中央文献研究室.毛泽东年谱（1893—1949 中卷）[M]. 中央文献出版社，2013：285—286.

1941 年九月会议

　　中共中央政治局扩大会议（亦称九月会议），1941 年 9 月 10 日至 10 月 22 日在延安举行。会议在 9 月 10 日、11 日、12 日、29 日和 10 月 22 日召开了五次会议，先后参加会议的有在延安的政治局委员毛泽东、任弼时、王稼祥、王明、朱德、洛甫（张闻天）、康生、陈云、凯丰、博古、陈云，列席者有李富春、杨尚昆、李维汉、陈伯达、高岗、林伯渠、叶剑英、王若飞和彭真。会议讨论了中国共产党在历史上特别是第二次国内革命

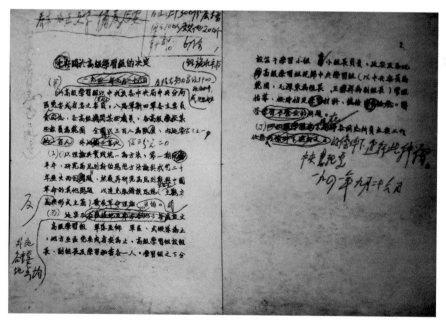

1941 年 9 月 26 日，中共中央决定成立中央高级干部学习组，图为毛泽东修改的《关于高级学习组的决定》

张闻天（左二）、乌兰夫（左一）、彭德怀（左三）等在交流学习体会

战争时期的政治路线问题；中国革命成败的关键问题；发动全党进行思想革命和解决理论和实际相结合的问题；如何使党的组织达到真正的统一和团结的问题。

会议肯定了从六届四中全会至遵义会议前中共中央领导机关所犯错误的性质问题，毛泽东在会上做了反对主观主义和宗派主义的主题报告，指出苏维埃运动后期中共中央领导所犯的错误是"左"倾机会主义错误，它比立三路线形态更完备，时间更长，后果更惨。其思想根源是主观主义和形式主义，而且至今仍然存在于中国共产党的许多部门干部、党员之中。与会者同意毛泽东的报告，许多因受王明影响而犯过错误的同志做了自我批评，并建议毛泽东写文章，论述马列主义和中国革命实际相结合的重要性。有些同志表示要面向实际，深入基层，深入农村，对中国社会及各个阶级做周密细致的调查研究。王明不仅不承认自己的错误，反而批评中央的方针过"左"，建议中央与蒋介石设法妥协，表示决心与中央争论到底，到共产国际去打官司。

1941 年的九月会议，尽管遇到了王明的干扰，但是通过检讨历史上和延安工作中的主观主义和宗派主义，初步统一了中共党的高级干部对有关中国革命若干重大问题的认识，为 1942 年在中国共产党全党范围内开展整风运动做了思想准备。会议决定在高级干部中开展整风，用理论与实践统一的方法，研究马克思列宁主义的思想方法和党的历史，以克服错误思想，提高党的高级干部的理论水平。

还在会议进行当中，中共中央 9 月 26 日决定成立中央学习研究组，毛泽东任组长，王稼祥任副组长，组织在延安的高级干部学习马克思列宁主义理论，总结党的历史经验。同时决定成立各地高级学习组，颁发

王稼祥在学习

高级学习组的组织条例。按照中央的决定，延安和各根据地积极筹备成立高级学习组。学习的内容主要是阅读六大以来党的历史文件，研究六大以来的历史，学习、研究马克思列宁主义的思想方法论。为此，中共中央书记处编印了《马恩列斯思想方法论》和《六大以来》等学习文件。这样，就为全党普遍整风做了重要的准备。

延安文艺座谈会

  中共中央于 1942 年 5 月 2 日至 23 日在延安杨家岭召集文艺工作者举行座谈会 (史称延安文艺座谈会)。期间于 5 月 2 日、16 日、23 日共举行 3 次座谈会。会议由毛泽东和凯丰主持。中共中央有关负责人、各文艺团体负责人及文学艺术工作者周扬、丁玲、艾青、何其芳、陈荒煤、林默涵、刘白羽、周立波、华君武、萧军、陈波儿、吕骥等共 100 余人参会。

  为了开好文艺座谈会，毛泽东和中共中央相关负责同志做了大量的调查研究。1941 年夏，毛泽东与陈云、何克全 (凯丰) 等分别同作家、文艺工作者广泛交谈，了解文艺界的情况，征求各方面的意见，探讨问题，沟通思想。1942 年 4 月间，毛泽东多次邀集中央研究院、鲁迅艺术文学院的研究人员和教师，讨论文艺方针、文艺创作等问题，并请他们代

毛泽东、朱德、任弼时等中央领导和参加延安文艺座谈会的人员合影

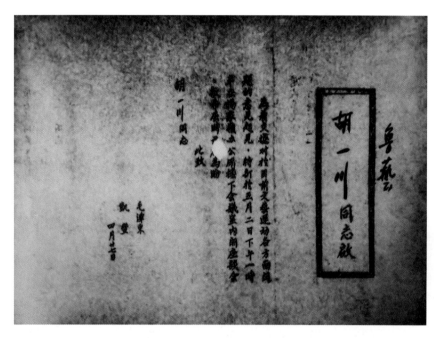

1942 年 4 月 27 日，毛泽东、凯丰邀请胡一川参加延安文艺座谈会的请柬

为搜集正反两方面的意见与材料。经过深入调查研究，掌握了延安文艺界种种需要解决的问题。与此同时，毛泽东做了大量理论研究，为开好这次座谈会，指导文艺界整风沿着正确方向前进，建立比较完整的无产阶级文艺理论体系奠定了基础。

毛泽东在 5 月 2 日第一次会议上做的讲话被称为座谈会的"引言"，5 月 23 日，毛泽东在闭幕会做"结论"。毛泽东指出：会议的目的是要和大家交换意见，"求得革命文艺的正确发展，求得革命文艺对其他革命工作更好的协助，借以打倒我们民族的敌人，完成民族解放的任务"。[①]文艺要很好地"作为团结人民、教育人民、打击敌人、消灭敌人的有力

---

① 毛泽东选集：第 3 卷［M］.人民出版社，1991：847.

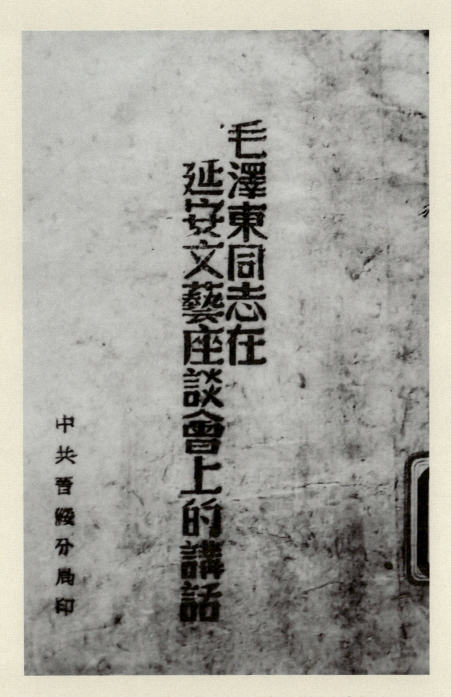

中共晋绥分局出版的《毛泽东同志在延安文艺座谈会上的讲话》单行本

的武器"。^①会议围绕主题进行了热烈的讨论，有几十位作家发言。毛泽东在最后一天做的结论中，针对讨论的问题，联系五四运动以来革命文艺运动的经验，从马克思主义理论高度，系统地回答了文艺运动中许多有争论的问题，阐明革命文艺为人民群众、首先是为工农兵服务的根本方向，强调党的文艺工作者必须从根本上解决立场、态度问题。同时，毛泽东提出共产党员不但要在组织上入党，还要在思想上入党的重要观点。会议期间，《解放日报》特开辟专栏，介绍与此会有关的材料，及各作家的意见。

延安文艺座谈会从理论上解决了革命文艺为群众和如何为群众的根本问题，对于文艺界的整风运动起了积极的推进作用，也促进了各抗日根据地文艺运动的蓬勃发展。毛泽东在延安文艺座文谈会上的讲话中所提出的文艺为人民群众、首先是为工农兵服务等一系列重要思想确立了党领导文艺工作的根本方针，直到今天仍然具有重要的指导意义。

① 毛泽东选集：第 3 卷［M］.人民出版社，1991：848.

冼星海指挥排练《黄河大合唱》

鲁艺秧歌队创作的《兄妹开荒》第一次演出的情形，演员为李波（左）、王大化

中共中央西北局高级干部会议

　　中共中央西北局于 1942 年 10 月 19 日至 1943 年 1 月 14 日在延安城南花厂崖砭举行高级干部会议（亦称陕甘宁边区高级干部会议）。会议的任务是根据整风精神总结陕甘宁边区的历史和检查陕甘宁边区的工

中共中央西北局高级干部会议会址——陕甘宁边区参议会礼堂

中共中央西北局书记高岗

作。党政军民各方面的主要负责人266人参加会议。其中有陕甘宁边区党、政、军、民、学各系统的负责干部，各分区党政及军队旅一级的负责干部，边区县级党政及军队团一级的干部。中央高级学习组和中央党校的大部分重要干部都到会旁听。讨论政府工作和财政工作时，还邀请了有关部门的党外干部和技术干部参加。会议的任务是：整党、整政、整军、整民、整关（系）、整财、整学等七整，并在这七整中贯彻整风与精兵简政，以使边区的各项工作有大的转变。林伯渠主持开幕式，高岗致开幕词。

西北局高级干部会议是在中共中央和毛泽东的直接领导下召开的。毛泽东出席了会议的开、闭幕式，并在会议期间做了两个重要报告。朱德、刘少奇、陈云、彭真、叶剑英、贺龙、吴玉章、徐特立等领导人也都到

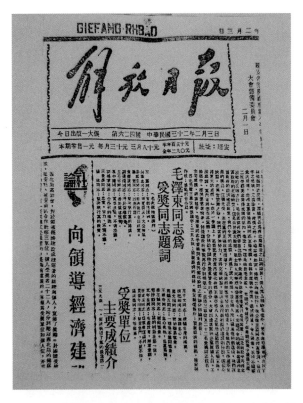

1943年2月，《解放日报》关于毛泽东给22位同志题写嘉奖词的报道

会做了重要讲话。任弼时始终参加并领导这次会议。会议的主要内容是：第一，讨论西北苏区历史是非，总结经验教训。第二，检讨抗战以来陕甘宁边区党内存在的主要偏向。第三，明确了边区今后的基本任务。

毛泽东在会上做《经济问题与财政问题》的书面报告和《关于党的布尔塞维克化的十二条》的讲演。会议讨论了中共中央到陕北前边区党的历史经验，清算了"左"倾错误对西北革命根据地造成的危害，检查了抗战以来边区党内在思想、组织和实际工作中的某些偏向。会议确定生产和教育是边区建设的两大任务，而以生产为第一。

在西北局高干会议闭幕会上，对领导经济建设成绩卓著的王震、何维忠、罗章、晏福生、黄静波、王丕年、刘秉温、胡起林、刘建章、马

毛泽东给习仲勋等同志题写的嘉奖词

文瑞、马锡五、王维舟、李丕福、习仲勋、文年生、任成玉、罗成德、贺晋年、惠中权、王世泰、杨林、范子文等22人和延安县、三五九旅、延安县南区合作社3个集体给予奖励,毛泽东分别为他们在奖状上题词。同时,对6名假公济私贪污腐化的干部进行了处理。

这次高干会议是在全党普遍整风阶段进行的,它为整风进入第三阶段(即党的高级干部总结历史经验阶段)、研究党的路线问题,实际上起了先行一步的试点作用。此次会议历时88天,是陕甘宁边区历史上最成功的一次会议,也是整风运动中的一件大事。会议用整风精神澄清历史是非、检讨现实中存在的问题,取得了积极的影响和重大的成效,有力地推进了西北局和陕甘宁边区的工作,对全党整风运动产生了示范作用。

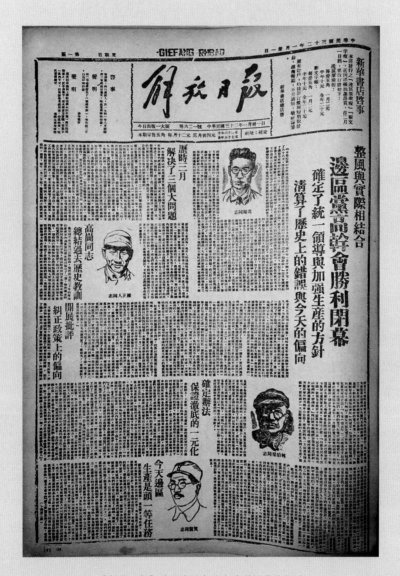

《解放日报》关于边区高干会胜利闭幕的报道

1943 年 3 月中共中央政治局会议

经过延安整风运动，全党在马克思主义原则基础上达到了空前的思想统一，为了进一步从组织上加强党的领导，1943 年 3 月 16 日至 20 日，中共中央政治局会议在延安召开。参加会议的有毛泽东、刘少奇、任弼时、朱德、康生、凯丰、博古、邓发、张闻天、杨尚昆、彭真、高岗、叶剑英共 13 人。

毛泽东在延安写作

毛泽东与周恩来、任弼时（左一）在延安

3月16日，毛泽东在会议上做了《关于时局与方针问题》的报告；任弼时做了《中央关于中央机构调整及精简的草案》的报告。20日，会议讨论通过了《中共中央关于中央机构调整及精简的决定》。

会议进一步明确了中央政治局与中央书记处的职责，推举毛泽东为中央政治局主席和中央书记处主席；由毛泽东、刘少奇、任弼时三人组成中央书记处，对会议所讨论的问题，"主席有最后决定之权"；在中央政治局和书记处之下，设立中央宣传委员会，由毛泽东、王稼祥、凯丰、博古组成，毛泽东任书记、王稼祥任副书记；设立中央组织委员会，由刘少奇、王稼祥、康生、陈云、张闻天、邓发、杨尚昆、任弼时组成，刘少奇任书记；刘少奇参加中央军委，为军委副主席之一（其他副主席是朱德、彭德怀、周恩来、王稼祥）；设立中央研究局，刘少奇兼任局长，杨尚昆任副局长；毛泽东任中央党校校长，彭真任副校长；为统一党中

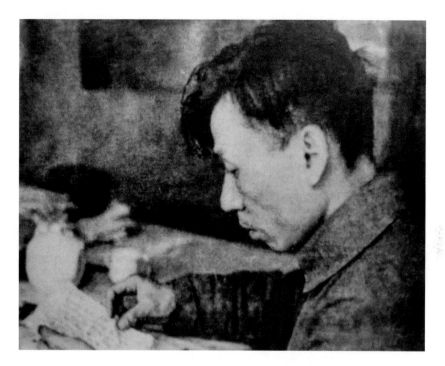

刘少奇在延安的窑洞里学习与写作

央对各地区工作的领导，王稼祥负责华北、刘少奇负责华中、任弼时负责陕甘宁和晋西北、陈云负责大后方、杨尚昆负责敌占区。这次中央机构最显著的变动，就是刘少奇参加中央书记处，并担任了中共中央军委副主席。这次会议，从组织上确定了毛泽东在中央政治局和书记处的领导地位，调整和精简了中央机构，加强了中央的集中领导，是延安整风运动的一大成果。

1943 年九月会议

　　中央政治局于 1943 年 9 月 7 日至 10 月 6 日在延安召开的扩大会议。会议由毛泽东主持，先后参加会议的政治局委员和候补委员有刘少奇、任弼时、朱德、周恩来、陈云、康生、彭德怀、张闻天、博古、邓发等人；列席者有李富春、杨尚昆、林伯渠、吴玉章、彭真、高岗、王若飞、李维汉、叶剑英、刘伯承、聂荣臻、贺龙、林彪、罗瑞卿、陆定一、孔原、陈伯达、肖向荣和胡乔木等 19 人，王明、王稼祥、凯丰请病假。由于王明没有到会，

周恩来回延安参加整风

会议主要采取由犯错误的同志进行整风检查，并批判王明"左"倾错误。会议的主题是讨论党的路线问题，在继续深入揭发批判关于王明在土地革命时期"左"倾路线的同时，着重讨论抗战时期中央的路线是非，揭发批判王明在抗战初期的右倾路线错误。毛泽东发言着重讲了党内的"两个宗派"问题，即教条主义的宗派主义和经验主义的宗派主义。他关于"两个宗派"的发言，实际上为会议的整风主题定下了基调。会议期间，毛泽东、刘少奇、周恩来、康生、张闻天、任弼时举行书记处会议。会议结束时，毛泽东通报了书记处会议关于整风检查暂停，高级干部先行学习的决定，并做小结讲话。这次会议，为中央政治局整风会议的第一阶段。

陕甘宁边区第一届劳动英雄代表大会

　　陕甘宁边区第一届劳动英雄代表大会于 1943 年 11 月 26 日至 12 月 16 日在延安举行，到会代表 185 名。同时召开了边区生产展览会。朱德、贺龙、彭德怀、高岗、林伯渠、李鼎铭、续范亭等出席大会并讲话。毛泽东、刘少奇、周恩来、朱德等接见并宴请了全体劳动英雄代表，毛深东做了《组织起来》的讲话。大会期间，代表们交流经验，热烈讨论毛泽东"组织起来"的号召，制订了"组织起来"搞互助合作的计划；提出了 1944 年进一步丰衣足食的生产任务和具体计划。大会表彰奖励

陕甘宁边区劳动英雄代表大会与生产展览会会场

1943年11月29日，毛泽东在陕甘宁边区第一届劳动英雄代表大会上做《组织起来》的讲话，并宴请劳动英雄

了劳动模范个人和集体，通过了《陕甘宁边区第一届劳动英雄代表大会宣言》，号召全边区农民、工人、战士、机关干部、学校学生响应毛主席的号召，进一步发展生产，充实物质力量，准备消灭日寇和对付反动派的袭击，争取对敌斗争的最后胜利。

在历时20天的各种会议上，与会代表总结交流了各方面的生产经验，为今后农业、工业、合作事业、畜牧业及部队机关学校生产的发展提供了宝贵经验。大会议还通过了《陕甘宁边区第一届劳动英雄代表大会宣言》。在生产展览会上，展出了全边区工农兵用自己双手创造出来的劳动成果6596件，还有表现生产过程的生动照片及图表1987张。11月29日，中共中央宴请劳动英雄，毛泽东发表了讲话，并参观了展览会。

毛泽东题写"自己动手，丰衣足食"

会后邀请申长林等 17 位劳动英雄在西北局办公厅座谈生产经验。

大会公布了荣获特等奖励的劳动英雄，他们是延属分区的吴满有、刘建章、申长林、陈德发、马海旺；三边分区的贺保元、李文焕；关中分区的冯云鹏、田荣贵、张清益、石明德；绥德分区的刘玉厚、阎开增；陇东分区的张振财；部队的赵占奎、张治国、武生华、胡青山、冯国玉；机关、工厂的黄立德、赵占魁、佟玉新、郑洪凯、李太元、袁光华等共25 位。12 月 26 日，《解放日报》发表题为《边区劳动英雄代表大会给我们指出了什么》的社论，指出组织群众发展生产的方针，是我们的唯一正确的方针，只要我们紧紧依靠人民，我们将是不可战胜的。

边区第一届劳动英雄代表大会后，劳动英雄们回到单位和家乡，积极宣传大会精神，以身作则贯彻落实大会决定，组织群众积极参加生产建设和各种合作社，促进了边区劳模运动和大生产运动的深入发展。

毛泽东题词手迹

毛泽东和杨家岭的农民在一起谈话

中共六届七中全会

　　为了对党的历史上若干问题进行总结，也为中国共产党的第七次全国代表大会召开做进一步的准备，1944年5月21日至1945年4月20日，中共中央在延安杨家岭举行扩大的六届七中全会。出席全会的中央委员和候补中央委员17人，列席会议的各中央局、分局和其他方面的负责人12人。全会选举毛泽东、朱德、刘少奇、任弼时、周恩来组成主席团，

中共六届七中全会会址——延安杨家岭中共中央办公楼

毛泽东为主席团主席。会议通过了刘少奇提出的以原中央政治局主席毛泽东为中央委员会主席的提议；决定全会期间由主席团处理中央日常工作，书记处和政治局停止行使职权。全会讨论了中共七大的各项准备工作，通过了中共七大的议事日程和报告负责人，决定除毛泽东的政治报告由主席团和全会讨论外，其他如军事报告、修改党章的报告、党的历史问题报告、统一战线报告等，分别成立委员会起草。全会后期，讨论通过了准备提交中共七大的政治报告、军事报告和党章草案、七大主席团名单草案、代表资格审查委员会候选人名单和会场规则草案等。全会还通过了毛泽东起草的《中共中央关于城市工作的指示》等文件。

党的六届七中全会的主要内容和最重要的成果，是在1945年4月20日原则通过了《关于若干历史问题的决议》。这个决议以毛泽东1941年写的《历史问题草案》为蓝本，在毛泽东的领导下，从1944年5月开始起草，并由任弼时主持，成立了由刘少奇、康生、周恩来、张闻天、彭真、高岗、博古参加的党的历史问题决议准备委员会。决议数易其稿，并由毛泽东多次修改，党内许多高级干部参加了修改和讨论，凝结着全党的经验和集体的智慧。

《历史决议》总结了建党以来，特别是六届四中全会至遵义会议前这一段党的历史及其基本经验教训，高度评价了毛泽东运用马克思列宁主义基本原理解决中国革命问题的杰出贡献，肯定了确立毛泽东在全党的领导地位的重大意义。同时，全面详尽地阐述了历次"左"倾错误在政治、军事、组织、思想方面的表现和造成的严重危害，并着重分析了产生错误的社会根源和思想根源。在总结开展党内思想斗争的经验时，强调要坚持"惩前毖后，治病救人""既要弄清思想，又要团结同志"的方针。《历史决议》提出，全党今后的任务，就是"在马克思列宁主义思想一致的基础上，团结全党同志如同一个和睦的家庭一样，如同一块坚固的钢铁一样，为着获得抗日战争的彻底胜利和中国人民的完全解放而奋斗"。[①]

党的六届七中全会的召开和《关于若干历史问题的决议》的通过，增强了全党在毛泽东思想基础上的团结，为七大的胜利召开创造了充分的思想条件。

---

① 毛泽东选集：第 3 卷 [M] . 人民出版社，1991：955.

中国共产党第七次全国代表大会

　　中国共产党第七次全国代表大会 1945 年 4 月 23 日至 6 月 11 日在延安杨家岭中央大礼堂隆重召开。出席大会的共 755 人，其中正式代表共 547 人，候补代表 208 人，代表着全党 121 万名党员。

　　任弼时主持开幕式，毛泽东致开幕词和闭幕词，并做了《论联合政府》的书面政治报告、关于形势和思想政治问题的报告、关于讨论政治报告

七大代表进入会场

七大主席台

的结论和关于选举的问题的讲话；朱德做《论解放区战场》的军事报告和关于讨论军事问题的结论；刘少奇做《关于修改党章的报告》和关于讨论组织问题的结论；周恩来在会上做《论统一战线》的讲话。

毛泽东在《论联合政府》的报告中，科学分析了国际国内形势，抓住了当时时局的关键，着重提出了中国人民强烈希望建立民主联合政府，打败日本侵略者，建设新中国的基本要求。他号召全党要发扬党的理论和实践相结合的作风，和人民群众紧密地联系在一起的作风以及批评与自我批评的作风。围绕上述报告，各代表小组、代表团进行了充分讨论。任弼时、陈云、彭德怀、张闻天、陈毅、叶剑英、杨尚昆、刘伯承、彭真、聂荣臻、陆定一、乌兰夫等 20 多人做了大会发言。这些报告和发言从各个方面论述党的政治路线、军事路线、组织路线的基本精神，总结党的历史经验，并对各条战线的任务和政策提出了具体意见。大会一致通

七大代表在分组讨论

过了毛泽东的政治报告、朱德《论解放区战场》的军事报告和刘少奇修改党章的报告及新党章。七大党章提出："毛泽东思想，就是马克思列宁主义的理论与中国革命的实践之统一的思想，就是中国的共产主义，中国的马克思主义。""毛泽东思想，就是马克思主义在目前时代的殖民地、半殖民地、半封建国家民族民主革命中的继续发展，就是马克思主义民族化的优秀典型。"确立毛泽东思想为党的指导思想并写入党章，是七大的历史性贡献。大会首次以无记名投票方式选举新的中央委员会，其中中央委员44人，候补中央委员33人。6月19日召开的七届一中全会，选举毛泽东、朱德、刘少奇、周恩来、任弼时、陈云、康生、高岗、彭真、董必武、林伯渠、张闻天、彭德怀为中央政治局委员；选举毛泽东、朱德、刘少奇、周恩来、任弼时为中央书记处书记；选举毛泽东为中央委员会主席、中央政治局主席、中央书记处主席。8月，中央政治局会议决定毛泽东为中央军事委员会主席，朱德为副主席。

七大提出的党的政治路线是："放手发动群众，壮大人民力量，在我党的领导下，打败日本侵略者，解放全国人民，建立一个新民主主义的中国。"[①]七大在党的文件上首次明确提出要以生产力标准来评判一个政党的历史作用。七大深刻揭示了中国新民主主义革命发展的规律，对党领导中国革命的三项基本经验即武装斗争、统一战线、党的建设问题进行了系统的总结。七大把党在长期奋斗中形成的优良传统和作风概括为三大作风，这是中国共产党区别于中国其他政党的显著标志。七大充满了民主和团结的气氛。

七大历时 50 天，是党在民主主义革命时期极其重要的一次，也是最后一次代表大会。它总结了中国新民主主义革命 20 多年曲折发展的历史经验，制定了正确的路线、纲领和策略，克服了党内的错误思想，使全党特别是党的高级干部对于中国民主革命的发展规律有了比较明确的认识，从而使全党在马克思列宁主义、毛泽东思想的基础上达到了空前的团结与统一，为迎接抗日战争的胜利和新民主主义革命在全国的胜利，奠定了政治上、思想上、组织上的基础。

---

① 毛泽东选集：第 3 卷［M］.人民出版社，1991：1032.

枣林沟书记处会议

　　1947年3月29日晚，毛泽东、刘少奇、朱德、任弼时在转战陕北中到达清涧县枣林沟村。在继子长县王家坪、任家山连续会议之后，毛泽东在这里主持召开中央书记处会议，讨论中央机关行动问题。在关于中共中央和毛泽东的安全问题上，与会人员发生了激烈的争论，任弼时坚持要中共中央离开陕北，而毛泽东坚持自己留在陕北。会议决定，成立中共中央前敌委员会和工作委员会，毛泽东、周恩来、任弼时组成前敌委员会率中央机关和人民解放军总部留在陕北，主持中央工作，指挥全国解放战争；由刘少奇、朱德、董必武组成中央工作委员会，以刘少奇为书记，前往晋西北或其他适当地点，进行中央委托的工作（中央工

枣林沟书记处会议旧址

毛泽东在枣林沟居住过的吴进增家窑洞（右一）

委后经晋绥解放区进入晋察冀解放区，驻河北省平山县西柏坡村）。为
适应战争需要，还决定中央机关按照军事编制组成中央直属支队，任弼
时任司令员，陆定一任政治委员。枣林沟会议做出了指挥西北和全国解
放战争的重大决策，中共中央坚持转战陕北，在物资供给极端艰苦和与
敌周旋十分险恶的环境下，从容地指挥着全国各个战场的作战。中央的
这一决策和胆略，极大地鼓舞了全国各解放区军民的战斗意志和胜利信
心，牵制了西北战场国民党军队的主力，保证了中共中央对人民解放战
争中各项工作的不间断领导，对扭转全国整个战局具有十分重要的意义。

小河会议

　　中央前委于 1947 年 7 月 21 日至 23 日在陕北靖边县小河村召开扩大会议（又称小河会议）。会议的中心议题是如何进一步组织和发展战略进攻，集中商讨今后的作战计划和方针问题。毛泽东主持会议，出席者有周恩来、任弼时、陆定一、杨尚昆、彭德怀、习仲勋、马明方、贾拓夫、张宗逊、王震、贺龙、张经武、陈赓等人。会议期间共开了三次会议，每天上午自由交谈。毛泽东就军事计划、战争形势做了讲话，首次

彭德怀、任弼时、毛泽东、贺龙（由左至右）在小河会议上

小河会议期间彭德怀、贺龙、陈赓、王震（由左至右）合影

提出对蒋介石的斗争计划用五年（从 1946 年 7 月算起）来解决。毛泽东在结论中强调，处处从全面长期着想，这一口号非常重要，要在全党全军中解释。周恩来总结了解放战争第一年的战绩。任弼时、彭德怀、贺龙、习仲勋、马明方、贾拓夫等在会上做了发言。会议进一步确定了晋冀鲁豫野战军太岳纵队的使用方向及其有关问题，确定太岳纵队不来陕北，改为渡黄河南下，出击豫西，协助刘邓大军经略中原，从战略上配合陕北战场。之后，会议研究了如何加强西北战场的措施，决定组成以彭德怀为书记的西北野战军前委，使西北野战军进一步发挥吸引、牵制和逐步歼灭胡宗南集团的作用；由陕甘宁晋绥联防军司令员贺龙统一领导这两个解放区的地方工作，使晋绥解放区进一步成为陕北的后方基地。这次会议对于解放军由战略防御转入战略进攻，迅速将战争引向国民党统治区，有着重要战略意义。

小河会议在进行中

义合会议

　　1947 年 11 月，中共中央西北局在绥德义合镇召开陕甘宁边区高级干部会议，目的是贯彻全国土地会议精神和《中国土地法大纲》，部署边区土地改革和整党工作，解决解放战争 8 个月以来边区党政军在组织上、工作上暴露出的许多严重问题。大会由习仲勋、贺龙、林伯渠分别主持，贺龙致开幕词，习仲勋做总结。参加会议的有西北局、边区政府所属机关科级以上干部，各地委书记、专员，绥属县委书记等。

习仲勋等西北局领导在绥德县义和镇薛家渠旧居

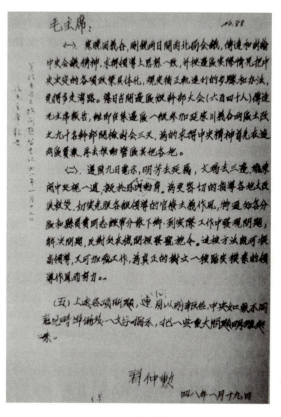

习仲勋 1948 年 1 月 19 日写给毛泽东的报告

习仲勋主持会议并做总结报告。他说，义合会议是在边区战争进行了 8 个月，许多重大方针问题需要解决，以便动员全边区力量争取战争胜利的情况下召开的。由于 8 个月战争中暴露了边区党和政府、军队组织上、工作上许多严重问题，必须加以揭发、批判和纠正；全国土地会议制定了土地法大纲并已颁布，边区需要依据这个土地法大纲，彻底完成土地改革和进行整党工作。习仲勋指出，此次会议收获主要是，决定彻底完成土地改革工作和进行整党工作；初步整顿了党的领导队伍，使得干部阶级观点提高了，对敌斗争意志增强了；官僚主义、自由主义打掉了许多；对党的政策、对党的统一领导，进一步重视了，使各项工作回到党的正确路线上，并随时改正各种错误，循正确道路前进。

义合会议对进一步推动边区的土改和整顿基层党组织起了重要作用。但是，义合会议在贯彻全国土地会议精神的同时，一些很不正常的情绪也逐渐露头。会议没有把老区（占三分之二）和新区（占三分之一）的不同情况区分开来，没有划清一般地主和恶霸地主的界限，没有对中农、工商业和"三三制"等政策解释清楚，在反对右时防"左"不够，致使会议开展批评和自我批评时，变成过激行为的批判斗争，批斗和伤害了许多领导干部。

义合会议结束后，陕甘宁边区各分区、各县召开会议，依照会议精神积极开展了大规模土地改革和以整党为中心的各项工作。但是，在土地改革和整党工作中一些"左"的偏向在一些地方蔓延开来，在个别地方发展到严重程度。习仲勋分别在 1947 年 11 月 23 日该会的总结报告、1948 年 7 月和 8 月 4 日西北局干部会议上的讲话中对此次会议都做了评价。总的认识是，义合会议"彻底地将这些离开党的路线政策的严重现象和右倾思想揭发出来，进行了严正的批判；依据全国土地会议的精神，决定了彻底完成土地改革工作和认真进行整党工作的方针，并在各地坚决执行，使党在思想上、工作上向前推进了一大步。""如果没有义合会议，各项工作无法完全回到党的路线上。如果没有义合会议，全边区如此迅速地完全改变战争初期那种混乱状态，发动这样大的土地改革工作和整党工作并迅速纠偏，在对敌斗争上、恢复基本区工作上、克服灾荒工作上和开展新区工作上都有显著成绩，那是不可能的。"由于受全国土地会议反右情绪的影响，由于盲目接受了晋绥的某些经验，义合会议把反右当成重点，对于土改中"左"的倾向可能造成的恶果没有引起足够重视，没有提醒大家防"左"，在解决土地问题的政策上犯了"左"的错误，甚至发展了"左"的情绪，只是片面强调"依靠贫农"和"平分土地"。正如习仲勋所言，"义合会议潜伏一种'左'的情绪，由于晋绥的直接影响，土改一到农村，就发生极左偏向。"乱斗、乱扣、乱打，乱没收财物，乱扫地出门的现象比较普遍。习仲勋对"左"的偏向努力纠正并向中央反映，直到中央 12 月 28 日在米脂县杨家沟召开十二月会议，"左"的思想才得到纠正。

中共中央杨家沟扩大会议（十二月会议）

　　中共中央于 1947 年 12 月 25 日至 28 日在陕北米脂县杨家沟召开扩大会议（即十二月会议）。这次会议是在人民解放军转入战略进攻，中国革命进入新的高潮时期召开的，任务是制定党的行动纲领，从各方面准备夺取全国胜利。会议由毛泽东、周恩来、任弼时主持，参加者有陆定一、彭德怀、贺龙、林伯渠、张宗逊、习仲勋、马明方、

十二月会议会址

张德生、甘泗淇、王维舟、李井泉、赵林、王明、谢觉哉、李维汉、李涛等当时能够到会的中央委员、候补中央委员以及陕甘宁边区、晋绥边区的主要负责人，共19人。会议举行之前，召开了18天的预备会议，与会人员分为政治、军事、土地小组，对有关问题进行了充分的酝酿和讨论。会议着重讨论并通过了毛泽东的书面报告《目前形势和我们的任务》。这篇报告深刻地分析了国际国内形势，阐明了彻底打败蒋介石，夺取全国胜利的军事、经济、政治等方面的纲领和政策。毛泽东总结了解放军的作战经验，提出了著名的"十大军事原则"。毛泽东还阐明了党在新民主主义革命中的三大经济纲领。会议还讨论通过了毛泽东起草的《关于目前国际形势的几点估计》；讨论了解放区在土改和整党中出现的"左"的偏向及其纠

中共中央杨家沟扩大会议（十二月会议）会场

正的办法。十二月会议是在中国革命战争的历史转折关头召开的一次具有重大意义的会议，它所制定的政治、经济纲领，进一步丰富和发展了新民主主义革命理论，为夺取全国胜利做了充分的准备。

毛泽东在十二月会议上做的《目前形势和我们的任务》报告

米脂县杨家沟毛泽东旧居

毛泽东和陆定一（后排左二）等在杨家沟

主要参考文献

一、基本文献资料

1. 毛泽东 . 毛泽东选集 : 第 1—4 卷 [M]. 人民出版社 ,1991.

2. 毛泽东 . 毛泽东文集 : 第 1—8 卷 [M]. 人民出版社 ,1993-1999.

3. 中共中央文献研究室 , 中央档案馆 . 建党以来重要文献选编 (1921—1949):(1—26 册)[M]. 中央文献出版社 ,2011.

4. 中共中央文献研究室 . 毛泽东年谱 (1893— 1949 上中下卷)[M]. 中央文献出版社 ,2013.

二、主要研究专著

1. 中共中央党史研究室 . 中国共产党历史 :(第一卷)[M]. 中共党史出版社 ,2002.

2. 中共中央党史研究室 . 中国共产党的九十年 (新民主主义革命时期) [M]. 中共党史出版社 , 党建读物出版社 ,2016.

3. 中共中央党史和文献研究院 . 中国共产党的一百年 (新民主主义革命时期)[M]. 中共党史出版社 ,2022.

4. 中国共产党简史 . 人民出版社 [M]. 中共党史出版社 ,2021.

5. 中共中央文献研究室编 . 毛泽东年谱 (1893—1949) 修订本 (上中下) [M]. 中央文献出版社 ,2011.

6. 中共中央文献研究室 . 毛泽东传》 (1893—1949)[M]. 中央文献出版社 ,1996.

7. 中共中央文献研究室 . 周恩来年谱 (1898—1949)》 (修订本)[M]. 中央文献出版社 ,1998.

8. 中共中央文献研究室 . 周恩来年传 (1949—1976)[M]. 中央文献出版社 ,1998.

9. 中共中央文献研究室 . 刘少奇年谱 [M]. 中央文献出版社 ,1996.

10. 中共中央文献研究室 . 刘少奇传 [M]. 中央文献出版社 ,1998.

11. 中共中央文献研究室 . 朱德传 (修订本)[M]. 中央文献出版社 ,2006.

12.【美】艾格妮丝·史沫特莱 . 伟大的道路——朱德的生平和时代 [M]. 三联书店 ,1979.

13. 习仲勋传 (上卷)[M]. 中央文献出版社 ,2013.

14. 中共陕西省委党史研究室著 . 中国共产党陕西历史 (第一卷)[M]. 中央文献出版社 ,2016.

15. 中共中央文献研究室 , 中央档案馆编 . 建党以来重要文献选编 (1921—1949)[M]. 中央文献出版社 ,2011.

16. 王健英 . 中共中央组织史资料汇编：领导机构沿革和成员名录 (增订本)[M]. 中共中央党校出版社 ,1995.

17. 王健英 . 中共中央机关历史演变考实 (1921—1949)[M]. 中共党史出版社 ,2005.

18. 中共中央党史研究室第一研究部 . 红军长征史 [M]. 中共党史出版社 ,2006.

19. 中共陕西省委党史研究室 , 中共中央在延安十三年史 (上、下)[M]. 中央文献出版社 ,2016.

20. 中共陕西省委党史研究室 . 中共中央在延安十三年史 [M]. 陕西出版集团，人民出版社 ,2009.

21. 中共陕西省委党史研究室 . 陕甘宁边区史纲 [M]. 陕西出版集团，人民出版社 ,2012.

22. 中共中央在延安十三年简史 [M]. 中央文献出版社 ,2007.

23. 中国中共党史学会 . 中国共产党历史重要事件辞典 [M]. 中共党史

出版社，党建读物出版社,2019.

24. 中国中共党史学会.中国共产党历史重要会议辞典 [M].中共党史出版社，党建读物出版社,2019.

25. 中国中共党史学会.中国共产党历史组织机构辞典 [M].中共党史出版社，党建读物出版社,2019.

26. 中国中共党史学会.中国共产党历史重要文献辞典 [M].中共党史出版社，党建读物出版社,2019.

27. 李景田.中国共产党历史大辞典 (1921—2011)[M].中共中央党校出版社,2011.

28. 王健英.中国共产党组织史资料汇编：领导机构沿革和成员名录 (增订本·从一大至十四大)[M].中共中央党校出版社,1995.

29. 李蓉.中共五大轶事 [M],人民出版社,2013.

30. 李蓉,叶成林.中共四大轶事 [M].人民出版社,2015.

31. 中国延安干部学院.延安时期大事记述 [M].中央文献出版社,2010.

32. 廖盖隆主编.中国共产党历史大辞典 [M].中共中央党校出版社,2001.

33. 中国延安干部学院著.中国共产党延安时期廉政建设史论 [M].中央文献出版社,2011.

34. 八路军西安办事处.优异的丰碑——全国八路军办事处抗战记事 [M].三秦出版社,2015.

35. 延安岁月.陕西人民出版社 [M].2004.

36. 西安市文物管理局.西安七贤庄 [M].陕西人民出版社,1992.

37. 熊美杰,刘彤壁.抗日战争时期的西安八办 [M].陕西人民教育出版社.

38. 谌玉梅,罗平汉.延安时期中央党校 [M].陕西人民出版社,2014.

39. 梁星亮,杨洪.陕甘宁边区著名人物 [M].中央文献出版社,2007.

40. 梁星亮. 延安时期的中国共产党局部执政研究 [M]. 陕西人民出版社 ,2019.

41.【美】埃德加·斯诺著，董乐山译. 西行漫记 [M]. 生活·读书·新知三联书店，1979.

42. 中国人民革命军事博物馆. 走进中国人民革命军事博物馆 [M]. 兵器工业出版社 ,2003.

43. 陈燕楠. 联系群众的楷模 [M]. 党建读物出版社 ,2013.

44. 吴殿尧 , 宋霖. 朱理治传 [M]. 中共党史出版社 ,2007.

45. 中国社会科学院近代史研究所翻译室编译. 共产国际有关中国的文献资料 : 第 3 辑 [M]. 中国社会科学院出版社 ,1990.

46. 李维汉. 回忆与研究》(上册)[M]. 中共党史出版社 ,1986, 第 371 页.

47. 郑鲁南. 永恒的军史瞬间——军中老照片背后的故事 [M]. 长征出版社 ,2016.

三、主要研究文章

1. 张东明. 中央主要领导机构历史演进 [J]. 人民日报 ,2016-06-16.

2. 张守宪 , 董建中 , 张钧华 , 梁星亮. 李子洲烈士事迹简介 (陕西革命烈士史料之三)[J]. 西北大学学报 (哲社版)，1979,3.

后　记

　　历经多年的实地考察和几年的文本考证、伏案笔耕，这本书终于结稿付印。我很高兴，衷心感谢前辈的奖掖、同仁的鼓励和家人的支持。

　　延安作为革命圣地，在中国共产党和中国革命的历史上处于极其重要的地位。延安十三年孕育形成的延安精神，是中国共产党人最为成熟宝贵的精神财富和思想资源，是社会各界学习革命历史和干部教育的永久教材。作为陕西的党史研究者，学习、研究、宣传、讲好延安十三年和延安精神是我们神圣的职责。

　　作为一个老师，最大的命题是找到适合自己的研究方向。2006年是纪念长征胜利 70 周年，全国拍摄了几部电视文献片，但都是记述红一方面军、红二方面军、红四方面军和红二十五军的英勇事迹，没有一部是写陕北的。我认为研究长征，不能少了落脚点，否则不全面、不科学、不准确，于是，我撰写了一部 6 集的电视文献片《走进长征落脚点》，专门追溯落脚点的由来，展现长征红军怎么到的落脚点。该片由中央党校出版社拍摄，得到国家理论文献电视专题片创作领导小组办公室及国家广电总局宣传管理司批准，并列为中宣部、国家广电总局重大革命和历史题材项目，也是陕西省纪念红军长征胜利 70 周年拍摄的唯一一部文献专题片。跟着摄制组 1000 公里的长征之旅，让我感慨良多。专题片在北京送审时，国家广电总局宣传管理司、理论文献电视专题片创作领导小组、中央文献研究室、中宣部理论局的 10 位专家参加了审片，评价专题片"政治导向正确，符合实际。""宣传长征落脚点的片子还是第一部，填补了长征题材影视作品的空白。"作为总撰稿人，我非常高兴，不仅是由于这些鼓励的话语，而且眼前骤然打开了一扇大门，感到长征落脚点——延安十三年的博大和延安精神的魅力。

多年来，我撰写发表、出版的有关延安精神与延安十三年的成果主要有：论文《南泥湾精神：自己动手、丰衣足食的光辉旗帜》发表于中宣部主管的《党建》杂志 2023 年第 3 期；论文《延安时期党的统一战线策略的两次历史性转变》《浅析弘扬延安精神与保持共产党员先进性的关系》《延安精神是我们永恒的精神财富》《圣地启示录》《延安精神：中国共产党人的一面永恒旗帜》《从红旗渠学习谈我校延安现场教学的过去、现在与未来（上、下）》《贯彻党校工作会议精神，强化延安精神教学研究》《革命利益高于一切——刘志丹的人格魅力》《坚持不懈用延安精神滋养初心、淬炼灵魂》发表于《理论导刊》《紫光阁》《桂海论丛》《党史文苑》等杂志，《北京日报》等报纸；论文《弘扬延安精神，全面从严治党》《延安复电与中国共产党人的艰苦奋斗作风》《西北革命根据地硕果仅存是历史必然》《弘扬优良传统，担当时代使命》均发表在《陕西日报》理论版头条；论文《延安时期中国共产党建设马克思主义学习型政党的基本方略》获陕西省纪念中国共产党成立 90 周年理论研讨会一等奖。主编的《延安精神与中国共产党 90 年》由中央文献出版社出版；主编的《不忘初心　牢记使命——陕西省革命传统教育现场教学教材》荣获全国党校（行政学院）第十三届优秀科研成果奖三等奖（2021.1.8）；主编的《马栏革命时期共产党人的群众工作》系中共陕西省委组织部统编的陕西马栏干部学院教材。

论文《延安精神——陕西红色文化的核心内容》《简析西柏坡精神与延安精神的内在关系——兼论研究传播革命精神的科学态度》《弘扬延安精神对新时期保持共产党员先进性的重要意义》《弘扬延安整风精神，推动教育实践活动》《论毛泽东对延安整风精神的贡献》《践行毛泽东群众观是一个"伟大的工程"》《关于刘志丹精神构建中应注意的几个问题》《弘扬延安精神，践行"三严三实"，全面从严治党》《长征落脚点——西北革命根据地"硕果仅存"的原因探析》《陕甘宁边区政府关于人民群众"获得感"的探索与经验》《牢记初心使命，坚守精神家园》《中共中央转战陕北的历史启示》《弘扬延安精神贵在践行》《用延安精神校准前进的方向》《论长征精神与延安精神的内在关系》《延安精神与党的初心使命的内在联系》《关于延安精神研究的几点思考》《关于伟大建党精神与延安精神研究的几点思考》《关于南泥湾精神研究的几点思考》在陕西省，河北省，上海市，党校系统，中国延安干部学院，中国井冈山干部学院，中共中央党史研究室，延安、庆阳、榆林（"中共中央转战陕北"高端理论研讨会），西安、四川首届长征精神主题论坛，陕西省社科界高层论坛等相关纪念活动与学术研讨会做大会发言。

承担的省委党校调研课题《目前我省开展延安精神现场教学的经验、问题与对策》《陕西市县党校利用红色资源开展现场教学情况调研》顺利结项并获得优秀等次。承担的中央组织部全国干部教育培训专项调研课题《"干部教育培训中党性教育精准化"研究》（个人负责《开展红色精神现场教学的要求》《"延安精神与延安十三年"专题教学与现场教学要点》部分），2017 年 2 月获全国党的建设研究会 2016 年度调研课题优秀成果。承担的全国人大委托陕西省人大课题《伟大的创造，深刻的启迪——陕甘宁边区时期形成的以"三三制"为原则的参议会制度对坚持和完善人民代表大会制度的历史贡献》获全省党校系统第33次理论研讨会一等奖，成果由省人大形成专题报告，"在全国人大机关进行了专题讲座，得到全国人大机关的充分肯定与好评"。陕西省人大常委会2019年8月30日致省委党校《感谢信》表示感谢。

特别是为了迎接建党100周年，荣信教育文化产业发展股份有限公司策划出版的乐乐趣系列"自信少年读经典立体绘本"，我任主编，通过《黄河边的民族强音》《白求恩大夫》《为人民服务》《南泥湾的故事》四个深入人心的故事，将党的光荣历史进行了更多元、更符合少年儿童阅读趣味的立体演绎，这是针对低年级学龄儿童讲好红色故事进行的可贵探索，在西安曲江书城成功举办了主编签售会。我和乐乐趣立体书总编辑孙肇志等人和现场读者一起分享党史故事，重温红色经典。我平时所撰写的主要是党员干部读本，给小朋友撰写的书于我是第一次，心中还颇为高兴，红色基因的传承确实要从娃娃抓起，我也算是为小朋友做了一件实事。

为了推进延安精神与延安时期党的历史研究，形成具有陕西省委党校特色的培训系列与精品课程，充分发挥党校干部教育"主渠道"作用，为推进延安精神现场教学相关提供研究平台与学术支撑，在时任常务副校长薛引娥的支持下，经校委批准，中共陕西省委党校延安精神研究中心于2010年3月15日成立，我任中心主任。2012年10月26日，中心主办了"深化延安精神教学与研究理论研讨会"，这是省内开展延安精神现场教学的各院校第一次就现场教学专题研讨。原省人大常委会副主任、陕西省延安精神研究会会长白云腾为中心正式揭牌（补揭）。以研究中心为平台，我们积极和省内各研究机构、学会开展学术交流。中心为省内研究延安精神和延安十三年的 15 位资深专家学者颁发了特邀研究员聘书。2013 年 11 月 8 日，与对外培训部、汉唐豪迈（北京）国际文化发展有限公司合作举办了首届"海外华人红色论坛"，新加坡豪迈集团林升福先生、凤凰山革命旧址管理处主任高慧琳和我作为嘉宾发言，国务院新闻办、中新网等多家媒体报道。

2007 年以来，为了推动延安精神宣讲教育，我主持开发了陕西省委党校"弘扬延安精神、增强党性修养"现场教学项目，在教学方法上将把课堂教学、现场教学和社会实践三者有机结合，灵活运用启发式教学，情景模拟、专家点评和交流研讨等多种教学形式，充分发挥学员的主动性，提高学员参与度、增强教学吸引力。经过实践与探索，初步形成了符合干部特点的延安精神培训模式，深受各地党政机关、企事业单位和受训人员的好评。先后为沈阳、北京、黑龙江、广西、河北、山东、重庆、四川、广东等全国 17 个省市自治区和深圳、天津海关，湖南、湖北建行系统等单位培训干部 130 多期 8 千多人次，教学效果受到参训学员的高度评价。沈阳市委组织部领导高度评价我主持的延安精神现场教学是此生参加过的"最有特点、最受感动、触动最深、效果最好，并充分体现了'学乐融融'的学习"，是"最系统、最深刻、最全面、最活泼"的党性教育。广西壮族自治区党委组织部干教处处长乐其顺表示："现场教学点选择具有代表性，毕教授的点评深入浅出，联系实际，寓情于理。"2010 年 8 月，浙江省委党校派出全体校委、所有处级干部和全体教授共 98 人的"暑期读书会"专门到陕西参加由我及其他老师主讲的现场教学。特别是从 2011 年 5 月到 2017 年 10 月，为新加坡、马来西亚爱国华侨"中国红色文化之旅"参访团进行了 8 期延安十三年和延安精神教学，学员们评价我"渊博的知识让学员们听得津津有味，学员们听得入了迷，讲到动情处许多学员都热泪盈眶，几堂课下来学员们都成了他的粉丝"。这些，当然是海外学员们对我的鼓励，让我感动的是他们学习的认真和顶着压力到国内来学习红色文化的勇气。我觉得我们更应该感谢的是老一辈革命者，是他们以艰辛的奋斗留下了弥足珍贵的财富，我只是一个满怀敬畏之心的学习者、研究者，充其量是一个基本合格的讲述者。

多年来，从西安到延安，来回奔波，风侵日曝，十分疲惫，乐在其中。曾经连续三天白天上课、晚上在西安和延安的路上奔波，凌晨两三点钟入睡是家常便饭。由于"以延安精神弘扬延安精神"，我荣幸地被海外学员誉为红色"传经布道"者。新加坡《海峡时报》、马来西亚《联合日报》《国际时报》等多家海内外媒体广泛关注，整版报道。新华社主办的《参考消息》于2012年1月9日"观察中国"栏目刊登了《红色旅游吊起外国游客胃口》的报道。我主持创立的教学模式被中央党校《学习时报》《陕西日报》《新华社内参》誉为"走在全国红色教育的前列"，誉为全国革命精神、革命传统教育中独树一帜的创举。中央党校原常务副校长何毅亭高度评价我校党性教育"做得比较好，走在了全国前列"，认为我们"充分发挥延安精神和延安十三年政治历史资源优势，形成党校独有、符合干部教育规律的延安精神现场体验式全程教学模式，为创新干部培训方式、强化党性教育实效提供新鲜经验，可喜可贺。"陕西省委党校开展延安精神现场教学的经验被陕西省延安精神研究会纪念建党九十周年理论研讨会作为经验材料做大会发言。2012年2月1日，省委党校《开展体验式教学，深化延安精神教育》项目，在全省宣传部长暨精神文明建设工作会议获得"2011年度全省宣传思想文化工作创新提名奖"，受到大会表彰并获得奖杯和奖金。省委领导与省委党校部分教师、学员代表座谈时，在听取了我介绍的开展延安精神现场教学的情况后，给予了充分肯定。

艰难困苦，玉汝于成。苦乐相依，功不唐捐。我作为嘉宾参与制作的 6 集专题片《史诗延安》由央视中文国际频道（4 套）2010 年 6 月以亚洲版、欧洲版、美洲版三个版本同时播出。2015 年，作为嘉宾参与的中央电视台纪念抗战胜利 70 周年电视文献片《根据地启示录》第一集《从"固临调查"到大生产运动》于 2015 年 6 月 22 日在中央电视台《新闻联播》栏目以 7 分钟篇幅播出，我在片中 4 次点评。全天央视 1 套、13 套 4 次滚动播出全片。2015 年 6 月与西安电视台合作拍摄了 8 集文献片《西安抗战记忆》，多次播出。作为嘉宾参与的中央电视台纪念红军长征胜利 80 周年电视文献片《英雄》第一集《刘志丹》于 2016 年 10 月 16 日在中央电视一台《朝闻天下》、新闻栏目全天播出。2019 年，被省委宣传部抽调，受邀担任"庆祝中华人民共和国成立 70 周年'记者再走长征路'主题采访活动"，行程 20 天 5000 公里，为全部稿件审核把关，接受中央媒体和省媒采访，4 次全网直播，每次半小时。作为嘉宾参加中央电视台在洛川会议旧址拍摄的《中国影像方志·陕西卷洛川篇：洛川红色记忆》。2020 年 9 月拍摄的中共陕西省委宣传部重点项目——党史学习视频《毕远佞老师讲故事》30 集，由省委党校、陕西电视台联合制作，经《学习强国》《陕视新闻》《起点》《第一新闻》和省委党校、省委党史研究室、省延安精神研究会等十几个平台向全网推送，《陕西新闻联播》播出，影响广泛，系全国党校系统及全省各院校唯一。作为现场嘉宾参与《聚劲延安》延安精神部分拍摄。2021 年，为纪念建党 100 周年，我作为总顾问，全程参加省委宣传部、省委党校、陕西广播电视台拍摄的 8 集献礼电视文献片《瞬间》拍摄工作，在陕西各电视台播出，获国家广播电视总局"2021 年第三季度广播电视创新创优节目"。作为嘉宾参与的中央电视台纪念建党 100 周年电视文献片《延安纪事》，在中央电视台 13 套播出。

作为嘉宾参与的中央电视台《照金精神：革命薪火，光芒永存》节目在中央电视台 1 套、13 套《朝闻天下》并机直播，并在陕甘边革命根据地照金纪念馆滚动播出。作为嘉宾参与拍摄的中宣部项目《思想的田野·陕西篇》获评国家广电总局 2020 年度创新创优节目。

可能是由于我们在延安现场教学方面的探索，2016 年，全国著名党史专家、时任中共中央党校中共党史教研部主任（现任中央党校主持日常工作的副校长）谢春涛老师决定由我们主办全国党校系统"中共党史与党性教育"研讨会暨党校系统党史教学与研究专业委员会年会。我在照金给与会嘉宾进行了现场教学。我们不光办了会，还给与会代表赠发了我们编写的党性教材《伟大的精神，崇高的品格——诗文信函名言中的共产党人》，并把会议情况编发了一期 4 开 8 版的彩色会刊，算是全国党校系统的党史同仁对我们延安教学的检阅。2017 年，又与榆林市委党校合作，创办了全省党校系统党史教学与研究年会，并到杨家沟、神泉堡进行了示范教学。

感谢组织的关心，给了我诸多荣誉：2008 年 12 月被中共陕西省委授予"陕西省党校工作优秀教师"荣誉称号（全省 14 人）；2009 年 10 月被中共陕西省委宣传部授予"全省理论教育先进工作者"荣誉称号（全省 40 人）；2013 年 10 月被中共陕西省委党校评为"党的群众路线教育实践活动身边模范"荣誉称号；2015 年 8 月被陕西省社会科学界联合会授予"陕西省社科界优秀社科普及专家"荣誉称号；2015 年 9 月被授予"全国优秀社会科学普及专家"荣誉称号（全省 5 人）；2021 年 6 月被中共陕西省委直属机关工作委员会授予"省直机关优秀共产党员"荣誉称号。同时，被评为二级教授、陕西省"三五"人才；并任中共陕西省委党校延安精神研究团队首席专家。任陕西省中共党史学会副会长，陕西省中共党史人物研究会副会长，陕西省陕甘宁革命根据地史研究会常务副会长，陕西省延安精神研究会弘扬践行委员会副主任；陕西省社会科学界联合会委员；中共陕西省委组织部"全省党性教育基地建设专家指导组"副组长。在省委组织部干教处领导下，作为评审组长，主持了"全省党性教育基地"评审和工作评估、全省党性教育精品课程评选，工作成效受到省委组织部和各地的好评。参加了省委组织部的党性教育示范基地指导工作，多次对照金干部学院，马栏干部学院，渭华干部学院，富平干部学院，梁家河干部学院，南郑、宁陕江口、横渠干部学院，旬阳红军镇党性教育基地建设和宝鸡市委党校课程建设进行指导。

因本书主要时间段为延安时期，故所涉机构沿革，为了说明渊源，往前回溯到延安之前的历史时期，延安时期之后不再涉及。本书从茫茫史海中沙里淘金，力图使历史的宏大叙事更趋丰富与鲜活。每篇文章辅之以若干历史照片，使之形象生动。在文笔上，尽量把学术的严谨求证和表达的优美流畅相结合。书中所有人名、地名、任职、时间等，均根据中国共产党组织史资料及各种词典、回忆录进行了核实和订正，史料和论点力求居于学科前沿，使读者能够作为可以放心阅读的信史。我尽了自己的努力，是否达到心中所想，这只能由读者诸君评价了。

本书的诞生，也与我的亲人们的倾力支持分不开。在此对夫人和女儿表示感谢。如果没有她们诚挚的关心和爱护，就没有今天的我。

本书在写作过程中，参阅了数十年来出版的大量关于延安十三年研究的资料与成果，在此，我谨向前辈及同仁致以深深的敬意。感谢多年来与我风雨无阻、携手前行、跟着我一起开拓延安教学的吴永、李路两位好兄弟。同时感谢本书部分内容的撰写者沈秀芳和毕静烨子两位老师。

在《延安时期图志》丛书的编撰过程中，我提出了大量意见并组织了编撰工作会议。在本书《政治卷》的编撰过程中，我提出撰写大纲并组织了撰写工作，对全文进行了统稿修改，撰写了第一编概述、第二编之"抗战初期王明的右倾错误"至"中央后委"部分；沈秀芳撰写了第二编之"中共中央革命军事委员会"至"一元化领导"部分；毕静烨子撰写了第三编。

在本书编撰过程中，陕西省社科院前辈李忠全老师提出了宝贵的建议，中共陕西省委党史研究室汤彦宜巡视员不辞辛苦进行审稿；西安出版社的吴革老师付出了大量心血，对撰写出版提出了宝贵意见，给予我最大的宽容与帮助，在此一并表示诚挚的感谢！

尽管努力使本书臻于完善，但由于时间和水平所限，书中难免有疏漏之处，敬请各位方家指正。

毕远佞

2023 年 3 月于西安